«En tu mano están mis tiempos».

SALMO 31:15, RVR60

Publicado por
Unilit
Medley, FL 33166

© Copyright 2025 *Unilit Detalles*
Todos los derechos reservados
Dirección gráfica y diseño general: *Adriana Castillo y Lucila Chamorro*
Maquetación: *www.produccioneditorial.com*
Edición: *Nancy Pineda*

Reservados todos los derechos. Ninguna porción ni parte de esta obra se puede reproducir, ni guardar en un sistema de almacenamiento de información, ni transmitir en ninguna forma por ningún medio (electrónico, mecánico, de fotocopias, grabación, etc.) sin el permiso previo de los editores, excepto en el caso de breves citas contenidas en artículos o reseñas importantes.

Las citas bíblicas seguidas de NVI son tomadas de la Santa Biblia, Nueva Versión Internacional ®. NVI®
Propiedad literaria © 1999 por Bíblica, Inc.™
Usado con permiso. Reservados todos los derechos mundialmente.
Texto bíblico: Reina-Valera 1960 ® [RVR60] © Sociedades Bíblicas en América Latina, 1960.
Renovado © Sociedades Bíblicas Unidas, 1988.
Reina-Valera 1960 ® es una marca registrada de las Sociedades Bíblicas Unidas, y puede ser usada solamente bajo licencia.
Las citas bíblicas señaladas con (LBLA) son tomadas de La Biblia de las Américas®.
Copyright © 1986, 1995, 1997 por The Lockman Foundation. Usadas con permiso. www.lbla.org.
El texto bíblico indicado con «NTV» ha sido tomado de la Santa Biblia, Nueva Traducción Viviente, © Tyndale House Foundation 2008, 2009, 2010. Usado con permiso de Tyndale House Publishers, Inc., 351 Executive Dr., Carol Stream, IL 60188, Estados Unidos de América. Todos los derechos reservados.

ENCUADERNACIONES
493860 Agenda 2026 Mujeres – Tapa Dura – Modelo 1 978-0-7899-2876-4
493861 Agenda 2026 Mujeres – Tapa Dura – Modelo 2 978-0-7899-2877-1
493862 Agenda 2026 Mujeres – PU – Modelo 1 978-0-7899-2878-8
493863 Agenda 2026 Mujeres – PU – Modelo 2 978-0-7899-2879-5
493864 Agenda 2026 Hombres – PU – Modelo 1 978-0-7899-2880-1
493865 Agenda 2026 Hombres – PU – Modelo 2 978-0-7899-2881-8

Impreso en Colombia
Printed in Colombia

Agenda 2026

Datos personales

NOMBRE Y APELLIDOS

CORREO ELECTRÓNICO

TELÉFONO

2026

Enero

D	L	M	M	J	V	S
				1	2	3
4	5	6	7	8	9	10
11	12	13	14	15	16	17
18	19	20	21	22	23	24
25	26	27	28	29	30	31

Febrero

D	L	M	M	J	V	S
1	2	3	4	5	6	7
8	9	10	11	12	13	14
15	16	17	18	19	20	21
22	23	24	25	26	27	28

Marzo

D	L	M	M	J	V	S
1	2	3	4	5	6	7
8	9	10	11	12	13	14
15	16	17	18	19	20	21
22	23	24	25	26	27	28
29	30	31				

Abril

D	L	M	M	J	V	S
			1	2	3	4
5	6	7	8	9	10	11
12	13	14	15	16	17	18
19	20	21	22	23	24	25
26	27	28	29	30		

Mayo

D	L	M	M	J	V	S
					1	2
3	4	5	6	7	8	9
10	11	12	13	14	15	16
17	18	19	20	21	22	23
24	25	26	27	28	29	30
31						

Junio

D	L	M	M	J	V	S
	1	2	3	4	5	6
7	8	9	10	11	12	13
14	15	16	17	18	19	20
21	22	23	24	25	26	27
28	29	30				

Julio

D	L	M	M	J	V	S
			1	2	3	4
5	6	7	8	9	10	11
12	13	14	15	16	17	18
19	20	21	22	23	24	25
26	27	28	29	30	31	

Agosto

D	L	M	M	J	V	S
						1
2	3	4	5	6	7	8
9	10	11	12	13	14	15
16	17	18	19	20	21	22
23	24	25	26	27	28	29
30	31					

Septiembre

D	L	M	M	J	V	S
		1	2	3	4	5
6	7	8	9	10	11	12
13	14	15	16	17	18	19
20	21	22	23	24	25	26
27	28	29	30			

Octubre

D	L	M	M	J	V	S
				1	2	3
4	5	6	7	8	9	10
11	12	13	14	15	16	17
18	19	20	21	22	23	24
25	26	27	28	29	30	31

Noviembre

D	L	M	M	J	V	S
1	2	3	4	5	6	7
8	9	10	11	12	13	14
15	16	17	18	19	20	21
22	23	24	25	26	27	28
29	30					

Diciembre

D	L	M	M	J	V	S
		1	2	3	4	5
6	7	8	9	10	11	12
13	14	15	16	17	18	19
20	21	22	23	24	25	26
27	28	29	30	31		

2027

Enero

D	L	M	M	J	V	S
					1	2
3	4	5	6	7	8	9
10	11	12	13	14	15	16
17	18	19	20	21	22	23
24	25	26	27	28	29	30
31						

Febrero

D	L	M	M	J	V	S
	1	2	3	4	5	6
7	8	9	10	11	12	13
14	15	16	17	18	19	20
21	22	23	24	25	26	27
28						

Marzo

D	L	M	M	J	V	S
	1	2	3	4	5	6
7	8	9	10	11	12	13
14	15	16	17	18	19	20
21	22	23	24	25	26	27
28	29	30	31			

Abril

D	L	M	M	J	V	S
				1	2	3
4	5	6	7	8	9	10
11	12	13	14	15	16	17
18	19	20	21	22	23	24
25	26	27	28	29	30	

Mayo

D	L	M	M	J	V	S
						1
2	3	4	5	6	7	8
9	10	11	12	13	14	15
16	17	18	19	20	21	22
23	24	25	26	27	28	29
30	31					

Junio

D	L	M	M	J	V	S
		1	2	3	4	5
6	7	8	9	10	11	12
13	14	15	16	17	18	19
20	21	22	23	24	25	26
27	28	29	30			

Julio

D	L	M	M	J	V	S
				1	2	3
4	5	6	7	8	9	10
11	12	13	14	15	16	17
18	19	20	21	22	23	24
25	26	27	28	29	30	31

Agosto

D	L	M	M	J	V	S
1	2	3	4	5	6	7
8	9	10	11	12	13	14
15	16	17	18	19	20	21
22	23	24	25	26	27	28
29	30	31				

Septiembre

D	L	M	M	J	V	S
			1	2	3	4
5	6	7	8	9	10	11
12	13	14	15	16	17	18
19	20	21	22	23	24	25
26	27	28	29	30		

Octubre

D	L	M	M	J	V	S
					1	2
3	4	5	6	7	8	9
10	11	12	13	14	15	16
17	18	19	20	21	22	23
24	25	26	27	28	29	30
31						

Noviembre

D	L	M	M	J	V	S
	1	2	3	4	5	6
7	8	9	10	11	12	13
14	15	16	17	18	19	20
21	22	23	24	25	26	27
28	29	30				

Diciembre

D	L	M	M	J	V	S
			1	2	3	4
5	6	7	8	9	10	11
12	13	14	15	16	17	18
19	20	21	22	23	24	25
26	27	28	29	30	31	

Plan anual 2026

DÍA	ENERO	FEBRERO	MARZO	ABRIL	MAYO	JUNIO
DO		1	1			
LU		2	2			1
MA		3	3			2
MI		4	4	1		3
JU	1	5	5	2		4
VI	2	6	6	3	1	5
SA	3	7	7	4	2	6
DO	4	8	8	5	3	7
LU	5	9	9	6	4	8
MA	6	10	10	7	5	9
MI	7	11	11	8	6	10
JU	8	12	12	9	7	11
VI	9	13	13	10	8	12
SA	10	14	14	11	9	13
DO	11	15	15	12	10	14
LU	12	16	16	13	11	15
MA	13	17	17	14	12	16
MI	14	18	18	15	13	17
JU	15	19	19	16	14	18
VI	16	20	20	17	15	19
SA	17	21	21	18	16	20
DO	18	22	22	19	17	21
LU	19	23	23	20	18	22
MA	20	24	24	21	19	23
MI	21	25	25	22	20	24
JU	22	26	26	23	21	25
VIE	23	27	27	24	22	26
SA	24	28	28	25	23	27
DO	25		29	26	24	28
LU	26		30	27	25	29
MA	27		31	28	26	30
MI	28			29	27	
JU	29			30	28	
VI	30				29	
SA	31				30	
DO					31	
LU						

Plan anual 2026

JULIO	AGOSTO	SEPTIEMBRE	OCTUBRE	NOVIEMBRE	DICIEMBRE	DÍA
				1		DO
				2		LU
		1		3	1	MA
1		2		4	2	MI
2		3	1	5	3	JU
3		4	2	6	4	VI
4	1	5	3	7	5	SA
5	2	6	4	8	6	DO
6	3	7	5	9	7	LU
7	4	8	6	10	8	MA
8	5	9	7	11	9	MI
9	6	10	8	12	10	JU
10	7	11	9	13	11	VI
11	8	12	10	14	12	SA
12	9	13	11	15	13	DO
13	10	14	12	16	14	LU
14	11	15	13	17	15	MA
15	12	16	14	18	16	MI
16	13	17	15	19	17	JU
17	14	18	16	20	18	VI
18	15	19	17	21	19	SA
19	16	20	18	22	20	DO
20	17	21	19	23	21	LU
21	18	22	20	24	22	MA
22	19	23	21	25	23	MI
23	20	24	22	26	24	JU
24	21	25	23	27	25	VI
25	22	26	24	28	26	SA
26	23	27	25	29	27	DO
27	24	28	26	30	28	LU
28	25	29	27		29	MA
29	26	30	28		30	MI
30	27		29		31	JU
31	28		30			VI
	29		31			SA
	30					DO
	31					LU

Guía de lectura
por temas

Ansiedad y depresión

Salmo 34:18
Salmo 119:28
Filipenses 4:6
1 pedro 5:7

Confianza en Dios

Proverbios 3:5
Salmo 56:3
Proverbios 29:25
Salmo 37:5

Desafíos de la vida

Efesios 6:13
Proverbios 18:10
Romanos 8:28
Nahúm 1:7

Fortaleza espiritual

Filipenses 4:13
2 Tesalonicenses 3:3
Salmo 28:7
Salmo 29:11

Sabiduría

Proverbios 2:6
Santiago 1:5
Proverbios 16:16
Santiago 3:13

Sanidad del alma

Jeremías 17:14
Salmo 107:19-20
Salmo 147:3
Salmo 73:26

Perdón

Mateo 6:14
Proverbios 28:13
Proverbios 17:9
Salmo 32:1

Rechazo

Salmo 119:104
Juan 15:18
Salmo 27:10
Salmo 51:17

Soledad

Salmo 23:4
Juan 14:16
Mateo 28:20
Isaías 49:15

Enero

«¡Voy a hacer algo nuevo! Ya está sucediendo, ¿no se dan cuenta? Estoy abriendo un camino en el desierto y ríos en lugares desolados».

ISAÍAS 43:19, NVI

Enero 2026

DOMINGO	LUNES	MARTES	MIÉRCOLES
4	5	6	7
11	12	13	14
18	19	20	21
25	26	27	28

JUEVES	VIERNES	SÁBADO	notas
1	2	3	
8	9	10	
15	16	17	
22	23	24	
29	30	31	

DICIEMBRE 2025

D	L	M	M	J	V	S
	1	2	3	4	5	6
7	8	9	10	11	12	13
14	15	16	17	18	19	20
21	22	23	24	25	26	27
28	29	30	31			

FEBRERO 2026

D	L	M	M	J	V	S
1	2	3	4	5	6	7
8	9	10	11	12	13	14
15	16	17	18	19	20	21
22	23	24	25	26	27	28

Plan mensual

PRIORIDADES DEL MES

....
....
....
....
....
....
....
....
....

OBJETIVOS PERSONALES	OBJETIVOS GENERALES
....	....
....	....
....	....
....	....
....	....
....	....
....	....
....	....

Presupuesto mensual

CUENTAS	FECHA	CANTIDAD	PAGO	BALANCE

«Honra al Señor con tus bienes».
PROVERBIOS 3:9, LBLA

TOTAL

ENERO   2026

01 jueves

PRIORIDADES

ENERO 2026

D	L	M	M	J	V	S
				1	2	3
4	5	6	7	8	9	10
11	12	13	14	15	16	17
18	19	20	21	22	23	24
25	26	27	28	29	30	31

7 am
8 am
9 am
10 am
11 am
12 am
1 pm
2 pm
3 pm
4 pm
5 pm
6 pm
7 pm
8 pm
9 pm

notas

«Todo lo puedo en Cristo que me fortalece».

FILIPENSES 4: 13, RVR60

2026   **ENERO**

viernes **02**

PRIORIDADES

ENERO 2026

D	L	M	M	J	V	S
				1	2	3
4	5	6	7	8	9	10
11	12	13	14	15	16	17
18	19	20	21	22	23	24
25	26	27	28	29	30	31

7 am
8 am
9 am
10 am
11 am
12 am
1 pm
2 pm
3 pm
4 pm
5 pm
6 pm
7 pm
8 pm
9 pm

notas

«Porque si perdonan a otros sus ofensas, también los perdonará a ustedes su Padre celestial».

MATEO 6:14, NVI

ENERO 2026

03 sábado

PRIORIDADES

ENERO 2026

D	L	M	M	J	V	S
				1	2	3
4	5	6	7	8	9	10
11	12	13	14	15	16	17
18	19	20	21	22	23	24
25	26	27	28	29	30	31

7 am

8 am

9 am

10 am

11 am

12 am

1 pm

2 pm

3 pm

4 pm

5 pm

6 pm

7 pm

8 pm

9 pm

notas

«Porque todo lo que es nacido de Dios vence al mundo; y esta es la victoria que ha vencido al mundo, nuestra fe».

1 JUAN 5:4, RVR60

2026 ENERO

ENERO 2026

D	L	M	M	J	V	S
				1	2	3
4	5	6	7	8	9	10
11	12	13	14	15	16	17
18	19	20	21	22	23	24
25	26	27	28	29	30	31

domingo **04**

PRIORIDADES

- 7 am
- 8 am
- 9 am
- 10 am
- 11 am
- 12 am
- 1 pm
- 2 pm
- 3 pm
- 4 pm
- 5 pm
- 6 pm
- 7 pm
- 8 pm
- 9 pm

notas

«Harás que crezca la nación de Israel, y sus habitantes se alegrarán. Se alegrarán ante ti como la gente se goza en la cosecha, y como los guerreros cuando se dividen el botín».

ISAÍAS 9:3, NTV

ENERO 2026

05 lunes

PRIORIDADES

ENERO 2026

D	L	M	M	J	V	S
				1	2	3
4	5	6	7	8	9	10
11	12	13	14	15	16	17
18	19	20	21	22	23	24
25	26	27	28	29	30	31

7 am
8 am
9 am
10 am
11 am
12 am
1 pm
2 pm
3 pm
4 pm
5 pm
6 pm
7 pm
8 pm
9 pm

notas

«Mi mandato es: "¡Sé fuerte y valiente! No tengas miedo ni te desanimes, porque el Señor tu Dios está contigo dondequiera que vayas"».

JOSUÉ 1:9, NTV

2026   **ENERO**

ENERO 2026

D	L	M	M	J	V	S
				1	2	3
4	5	6	7	8	9	10
11	12	13	14	15	16	17
18	19	20	21	22	23	24
25	26	27	28	29	30	31

martes **06**

PRIORIDADES

7 am
8 am
9 am
10 am
11 am
12 am
1 pm
2 pm
3 pm
4 pm
5 pm
6 pm
7 pm
8 pm
9 pm

notas

«Nosotros le amamos a él, porque él nos amó primero».

1 JUAN 4:19, RVR60

ENERO 2026

07 miércoles

PRIORIDADES

ENERO 2026

D	L	M	M	J	V	S
				1	2	3
4	5	6	7	8	9	10
11	12	13	14	15	16	17
18	19	20	21	22	23	24
25	26	27	28	29	30	31

7 am
8 am
9 am
10 am
11 am
12 am
1 pm
2 pm
3 pm
4 pm
5 pm
6 pm
7 pm
8 pm
9 pm

notas

«Cristo nos libertó para que vivamos en libertad. Por lo tanto, manténganse firmes y no se sometan nuevamente al yugo de esclavitud».

GÁLATAS 5:1, NVI

2026 ENERO

jueves 08

ENERO 2026

D	L	M	M	J	V	S
				1	2	3
4	5	6	7	8	9	10
11	12	13	14	15	16	17
18	19	20	21	22	23	24
25	26	27	28	29	30	31

PRIORIDADES

7 am
8 am
9 am
10 am
11 am
12 am
1 pm
2 pm
3 pm
4 pm
5 pm
6 pm
7 pm
8 pm
9 pm

notas

«Alégrense en la esperanza, muestren paciencia en el sufrimiento, perseveren en la oración».

ROMANOS 12:12, NVI

ENERO 2026

09 viernes

PRIORIDADES

ENERO 2026

D	L	M	M	J	V	S
				1	2	3
4	5	6	7	8	9	10
11	12	13	14	15	16	17
18	19	20	21	22	23	24
25	26	27	28	29	30	31

7 am
8 am
9 am
10 am
11 am
12 am
1 pm
2 pm
3 pm
4 pm
5 pm
6 pm
7 pm
8 pm
9 pm

notas

«Me has dado más alegría que los que tienen cosechas abundantes de grano y de vino nuevo».

SALMO 4:7, NTV

2026 ENERO

sábado **10**

ENERO 2026

D	L	M	M	J	V	S
				1	2	3
4	5	6	7	8	9	10
11	12	13	14	15	16	17
18	19	20	21	22	23	24
25	26	27	28	29	30	31

PRIORIDADES

7 am
8 am
9 am
10 am
11 am
12 am
1 pm
2 pm
3 pm
4 pm
5 pm
6 pm
7 pm
8 pm
9 pm

notas

«Pero corra el juicio como las aguas, y la justicia como impetuoso arroyo».

AMÓS 5:24, RVR60

ENERO 2026

11 domingo

PRIORIDADES

ENERO 2026

D	L	M	M	J	V	S
				1	2	3
4	5	6	7	8	9	10
11	12	13	14	15	16	17
18	19	20	21	22	23	24
25	26	27	28	29	30	31

7 am
8 am
9 am
10 am
11 am
12 am
1 pm
2 pm
3 pm
4 pm
5 pm
6 pm
7 pm
8 pm
9 pm

notas

«¿Por qué estás tan abatida, alma mía? ¿Por qué estás angustiada? En Dios pondré mi esperanza y lo seguiré alabando. ¡Él es mi salvación y mi Dios!».

SALMO 42:11, NVI

2026

ENERO

ENERO 2026

D	L	M	M	J	V	S
				1	2	3
4	5	6	7	8	9	10
11	12	13	14	15	16	17
18	19	20	21	22	23	24
25	26	27	28	29	30	31

lunes **12**

PRIORIDADES

7 am
8 am
9 am
10 am
11 am
12 am
1 pm
2 pm
3 pm
4 pm
5 pm
6 pm
7 pm
8 pm
9 pm

notas

«Yo les he dicho estas cosas para que en mí hallen paz. En este mundo afrontarán aflicciones, pero ¡anímense! Yo he vencido al mundo».

JUAN 16:33, NVI

ENERO 2026

13 martes

PRIORIDADES

ENERO 2026

D	L	M	M	J	V	S
				1	2	3
4	5	6	7	8	9	10
11	12	13	14	15	16	17
18	19	20	21	22	23	24
25	26	27	28	29	30	31

7 am
8 am
9 am
10 am
11 am
12 am
1 pm
2 pm
3 pm
4 pm
5 pm
6 pm
7 pm
8 pm
9 pm

notas

«Traigan a todo el que me reconoce como su Dios, porque yo los he creado para mi gloria. Fui yo quien los formé».

ISAÍAS 43:7, NTV

2026 ENERO

ENERO 2026

D	L	M	M	J	V	S
				1	2	3
4	5	6	7	8	9	10
11	12	13	14	15	16	17
18	19	20	21	22	23	24
25	26	27	28	29	30	31

miércoles **14**

PRIORIDADES

7 am
8 am
9 am
10 am
11 am
12 am
1 pm
2 pm
3 pm
4 pm
5 pm
6 pm
7 pm
8 pm
9 pm

notas

«Bueno es el Señor;
es refugio en el día de la angustia
y conoce a los que en él confían».

NAHÚM 1:7, NVI

ENERO 2026

15 jueves

PRIORIDADES

ENERO 2026

D	L	M	M	J	V	S
				1	2	3
4	5	6	7	8	9	10
11	12	13	14	**15**	16	17
18	19	20	21	22	23	24
25	26	27	28	29	30	31

7 am
8 am
9 am
10 am
11 am
12 am
1 pm
2 pm
3 pm
4 pm
5 pm
6 pm
7 pm
8 pm
9 pm

notas

«Jehová es mi pastor; nada me faltará».

SALMO 23:1, RVR60

2026 ENERO

viernes **16**

ENERO 2026

D	L	M	M	J	V	S
				1	2	3
4	5	6	7	8	9	10
11	12	13	14	15	16	17
18	19	20	21	22	23	24
25	26	27	28	29	30	31

PRIORIDADES

7 am
8 am
9 am
10 am
11 am
12 am
1 pm
2 pm
3 pm
4 pm
5 pm
6 pm
7 pm
8 pm
9 pm

notas

«Bienaventurados los misericordiosos, porque ellos alcanzarán misericordia».

MATEO 5:7, RVR60

ENERO 2026

17 sábado

PRIORIDADES

ENERO 2026

D	L	M	M	J	V	S
				1	2	3
4	5	6	7	8	9	10
11	12	13	14	15	16	17
18	19	20	21	22	23	24
25	26	27	28	29	30	31

7 am
8 am
9 am
10 am
11 am
12 am
1 pm
2 pm
3 pm
4 pm
5 pm
6 pm
7 pm
8 pm
9 pm

notas

«Nunca antes ni después ha habido un día como aquel; fue el día en que el Señor escuchó los ruegos de un ser humano. ¡No cabe duda de que el Señor estaba peleando por Israel!».

JOSUÉ 10:14, NVI

2026 — **ENERO**

domingo **18**

ENERO 2026

D	L	M	M	J	V	S
				1	2	3
4	5	6	7	8	9	10
11	12	13	14	15	16	17
18	19	20	21	22	23	24
25	26	27	28	29	30	31

PRIORIDADES

7 am
8 am
9 am
10 am
11 am
12 am
1 pm
2 pm
3 pm
4 pm
5 pm
6 pm
7 pm
8 pm
9 pm

notas

«Vivan una vida llena de amor, siguiendo el ejemplo de Cristo».

EFESIOS 5:2, NVI

ENERO 2026

19 lunes

PRIORIDADES

ENERO 2026

D	L	M	M	J	V	S
				1	2	3
4	5	6	7	8	9	10
11	12	13	14	15	16	17
18	**19**	20	21	22	23	24
25	26	27	28	29	30	31

7 am
8 am
9 am
10 am
11 am
12 am
1 pm
2 pm
3 pm
4 pm
5 pm
6 pm
7 pm
8 pm
9 pm

notas

«Practiquen el derecho y la justicia. Libren al oprimido del poder del opresor. No maltraten ni hagan violencia al extranjero, ni al huérfano ni a la viuda, ni derramen sangre inocente en este lugar».

JEREMÍAS 22:3, NVI

2026

ENERO

ENERO 2026

D	L	M	M	J	V	S
				1	2	3
4	5	6	7	8	9	10
11	12	13	14	15	16	17
18	19	20	21	22	23	24
25	26	27	28	29	30	31

PRIORIDADES

martes **20**

7 am
8 am
9 am
10 am
11 am
12 am
1 pm
2 pm
3 pm
4 pm
5 pm
6 pm
7 pm
8 pm
9 pm

notas

«Llevó nuestros pecados tan lejos de nosotros como está el oriente del occidente».

SALMO 103:12, NTV

ENERO 2026

21 miércoles

PRIORIDADES

ENERO 2026

D	L	M	M	J	V	S
				1	2	3
4	5	6	7	8	9	10
11	12	13	14	15	16	17
18	19	20	21	22	23	24
25	26	27	28	29	30	31

7 am

8 am

9 am

10 am

11 am

12 am

1 pm

2 pm

3 pm

4 pm

5 pm

6 pm

7 pm

8 pm

9 pm

notas

«Confía en el Señor con todo tu corazón; no dependas de tu propio entendimiento».

PROVERBIOS 3:5, NTV

2026 ENERO

jueves **22**

ENERO 2026

D	L	M	M	J	V	S
				1	2	3
4	5	6	7	8	9	10
11	12	13	14	15	16	17
18	19	20	21	22	23	24
25	26	27	28	29	30	31

PRIORIDADES

7 am
8 am
9 am
10 am
11 am
12 am
1 pm
2 pm
3 pm
4 pm
5 pm
6 pm
7 pm
8 pm
9 pm

notas

«Como madre que consuela a su hijo, así yo los consolaré a ustedes; en Jerusalén serán consolados».

ISAÍAS 66:13, NVI

ENERO 2026

23 viernes

PRIORIDADES

ENERO 2026

D	L	M	M	J	V	S
				1	2	3
4	5	6	7	8	9	10
11	12	13	14	15	16	17
18	19	20	21	22	**23**	24
25	26	27	28	29	30	31

7 am

8 am

9 am

10 am

11 am

12 am

1 pm

2 pm

3 pm

4 pm

5 pm

6 pm

7 pm

8 pm

9 pm

notas

«Si Dios no se guardó ni a su propio Hijo, sino que lo entregó por todos nosotros, ¿no nos dará también todo lo demás?».

ROMANOS 8:32, NTV

2026 ENERO

ENERO 2026

D	L	M	M	J	V	S
				1	2	3
4	5	6	7	8	9	10
11	12	13	14	15	16	17
18	19	20	21	22	23	24
25	26	27	28	29	30	31

sábado

24

PRIORIDADES

7 am
8 am
9 am
10 am
11 am
12 am
1 pm
2 pm
3 pm
4 pm
5 pm
6 pm
7 pm
8 pm
9 pm

notas

«Entrega al Señor todo lo que haces; confía en él, y él te ayudará».

SALMO 37:5, NTV

ENERO 2026

25 domingo

PRIORIDADES

ENERO 2026

D	L	M	M	J	V	S
				1	2	3
4	5	6	7	8	9	10
11	12	13	14	15	16	17
18	19	20	21	22	23	24
25	26	27	28	29	30	31

7 am
8 am
9 am
10 am
11 am
12 am
1 pm
2 pm
3 pm
4 pm
5 pm
6 pm
7 pm
8 pm
9 pm

notas

«Solo en Dios halla descanso mi alma;
de él viene mi esperanza».

SALMO 62:5, NVI

2026 ENERO

ENERO 2026

D	L	M	M	J	V	S
				1	2	3
4	5	6	7	8	9	10
11	12	13	14	15	16	17
18	19	20	21	22	23	24
25	26	27	28	29	30	31

lunes **26**

PRIORIDADES

7 am
8 am
9 am
10 am
11 am
12 am
1 pm
2 pm
3 pm
4 pm
5 pm
6 pm
7 pm
8 pm
9 pm

notas

«Mi victoria y mi honor provienen solamente de Dios; él es mi refugio, una roca donde ningún enemigo puede alcanzarme».

SALMO 62:7, NTV

ENERO 2026

27 martes

PRIORIDADES

ENERO 2026

D	L	M	M	J	V	S
				1	2	3
4	5	6	7	8	9	10
11	12	13	14	15	16	17
18	19	20	21	22	23	24
25	26	**27**	28	29	30	31

7 am

8 am

9 am

10 am

11 am

12 am

1 pm

2 pm

3 pm

4 pm

5 pm

6 pm

7 pm

8 pm

9 pm

notas

«¿Qué agrada más al Señor: que se le ofrezcan holocaustos y sacrificios o que se obedezca lo que él dice? El obedecer vale más que el sacrificio».

1 SAMUEL 15:22, NVI

2026   **ENERO**

ENERO 2026

D	L	M	M	J	V	S
				1	2	3
4	5	6	7	8	9	10
11	12	13	14	15	16	17
18	19	20	21	22	23	24
25	26	27	28	29	30	31

miércoles

28

PRIORIDADES

7 am
8 am
9 am
10 am
11 am
12 am
1 pm
2 pm
3 pm
4 pm
5 pm
6 pm
7 pm
8 pm
9 pm

notas

«Porque el reino de Dios no es comida ni bebida, sino justicia, paz y gozo en el Espíritu Santo».

ROMANOS 14:17, RVR60

ENERO 2026

29 jueves

PRIORIDADES

ENERO 2026

D	L	M	M	J	V	S
				1	2	3
4	5	6	7	8	9	10
11	12	13	14	15	16	17
18	19	20	21	22	23	24
25	26	27	28	29	30	31

7 am
8 am
9 am
10 am
11 am
12 am
1 pm
2 pm
3 pm
4 pm
5 pm
6 pm
7 pm
8 pm
9 pm

notas

«Clamaré al Dios Altísimo, al Dios que me favorece».

SALMO 57:2, RVR60

2026   **ENERO**

viernes **30**

ENERO 2026

D	L	M	M	J	V	S
				1	2	3
4	5	6	7	8	9	10
11	12	13	14	15	16	17
18	19	20	21	22	23	24
25	26	27	28	29	30	31

PRIORIDADES

....
....
....
....

7 am
8 am
9 am
10 am
11 am
12 am
1 pm
2 pm
3 pm
4 pm
5 pm
6 pm
7 pm
8 pm
9 pm

notas

«Dios habita en esa ciudad;
no puede ser destruida.
En cuanto despunte el día,
Dios la protegerá».

SALMO 46:5, NTV

ENERO 2026

31 sábado

PRIORIDADES

ENERO 2026

D	L	M	M	J	V	S
				1	2	3
4	5	6	7	8	9	10
11	12	13	14	15	16	17
18	19	20	21	22	23	24
25	26	27	28	29	30	**31**

7 am
8 am
9 am
10 am
11 am
12 am
1 pm
2 pm
3 pm
4 pm
5 pm
6 pm
7 pm
8 pm
9 pm

notas

«Y la paz de Dios, que sobrepasa todo entendimiento, cuidará sus corazones y sus pensamientos en Cristo Jesús».

FILIPENSES 4:7, NVI

Febrero

«Mi mandato es: "¡Sé fuerte y valiente! No tengas miedo ni te desanimes, porque el SEÑOR tu Dios está contigo dondequiera que vayas"».

JOSUÉ 1:9, NTV

Febrero 2026

DOMINGO	LUNES	MARTES	MIÉRCOLES
1	2	3	4
8	9	10	11
15	16	17	18
22	23	24	25

JUEVES	VIERNES	SÁBADO	notas
5	6	7	
12	13	14	
19	20	21	
26	27	28	

ENERO 2026

D	L	M	M	J	V	S
				1	2	3
4	5	6	7	8	9	10
11	12	13	14	15	16	17
18	19	20	21	22	23	24
25	26	27	28	29	30	31

MARZO 2026

D	L	M	M	J	V	S
1	2	3	4	5	6	7
8	9	10	11	12	13	14
15	16	17	18	19	20	21
22	23	24	25	26	27	28
29	30	31				

Plan mensual

PRIORIDADES DEL MES

OBJETIVOS PERSONALES   OBJETIVOS GENERALES

Presupuesto mensual

CUENTAS	FECHA	CANTIDAD	PAGO	BALANCE

«La bendición del Señor trae riquezas».
PROVERBIOS 10:22, NVI

TOTAL

FEBRERO 2026

01 domingo

PRIORIDADES

FEBRERO 2026

D	L	M	M	J	V	S
1	2	3	4	5	6	7
8	9	10	11	12	13	14
15	16	17	18	19	20	21
22	23	24	25	26	27	28

7 am
8 am
9 am
10 am
11 am
12 am
1 pm
2 pm
3 pm
4 pm
5 pm
6 pm
7 pm
8 pm
9 pm

notas

«De él dan testimonio todos los profetas: que todo el que cree en él recibe, por medio de su nombre, el perdón de los pecados».

HECHOS 10:43, NVI

2026

FEBRERO

lunes **02**

FEBRERO 2026

D	L	M	M	J	V	S
1	2	3	4	5	6	7
8	9	10	11	12	13	14
15	16	17	18	19	20	21
22	23	24	25	26	27	28

PRIORIDADES

7 am
8 am
9 am
10 am
11 am
12 am
1 pm
2 pm
3 pm
4 pm
5 pm
6 pm
7 pm
8 pm
9 pm

notas

«En todo tiempo ama el amigo, y es como un hermano en tiempo de angustia».

PROVERBIOS 17:17, RVR60

FEBRERO   2026

03 *martes*

PRIORIDADES

FEBRERO 2026

D	L	M	M	J	V	S
1	2	3	4	5	6	7
8	9	10	11	12	13	14
15	16	17	18	19	20	21
22	23	24	25	26	27	28

7 am
8 am
9 am
10 am
11 am
12 am
1 pm
2 pm
3 pm
4 pm
5 pm
6 pm
7 pm
8 pm
9 pm

notas

«Ya sea que te desvíes a la derecha o a la izquierda, tus oídos percibirán a tus espaldas una voz que te dirá: "Este es el camino; síguelo"».

ISAÍAS 30:21, NVI

2026 FEBRERO

FEBRERO 2026

D	L	M	M	J	V	S
1	2	3	4	5	6	7
8	9	10	11	12	13	14
15	16	17	18	19	20	21
22	23	24	25	26	27	28

miércoles **04**

PRIORIDADES

7 am
8 am
9 am
10 am
11 am
12 am
1 pm
2 pm
3 pm
4 pm
5 pm
6 pm
7 pm
8 pm
9 pm

notas

«El Señor es sol y escudo;
Dios nos concede honor y gloria.
El Señor no niega sus bondades a los
que se conducen con integridad».

SALMO 84:11, NVI

FEBRERO 2026

05 jueves

PRIORIDADES

FEBRERO 2026

D	L	M	M	J	V	S
1	2	3	4	5	6	7
8	9	10	11	12	13	14
15	16	17	18	19	20	21
22	23	24	25	26	27	28

7 am
8 am
9 am
10 am
11 am
12 am
1 pm
2 pm
3 pm
4 pm
5 pm
6 pm
7 pm
8 pm
9 pm

notas

«En Dios he confiado;
no temeré;
¿qué puede hacerme el hombre?».

SALMO 56:11, RVR60

2026 FEBRERO

viernes **06**

FEBRERO 2026

D	L	M	M	J	V	S
1	2	3	4	5	6	7
8	9	10	11	12	13	14
15	16	17	18	19	20	21
22	23	24	25	26	27	28

PRIORIDADES

7 am
8 am
9 am
10 am
11 am
12 am
1 pm
2 pm
3 pm
4 pm
5 pm
6 pm
7 pm
8 pm
9 pm

notas

«El que habita al abrigo del Altísimo morará bajo la sombra del Omnipotente».

SALMO 91:1, RVR60

FEBRERO 2026

07 sábado

PRIORIDADES

FEBRERO 2026

D	L	M	M	J	V	S
1	2	3	4	5	6	7
8	9	10	11	12	13	14
15	16	17	18	19	20	21
22	23	24	25	26	27	28

7 am

8 am

9 am

10 am

11 am

12 am

1 pm

2 pm

3 pm

4 pm

5 pm

6 pm

7 pm

8 pm

9 pm

notas

«Que el Dios de la esperanza los llene de toda alegría y paz a ustedes que creen en él, para que rebosen de esperanza por el poder del Espíritu Santo».

ROMANOS 15:13, NVI

2026 — FEBRERO

domingo 08

FEBRERO 2026

D	L	M	M	J	V	S
1	2	3	4	5	6	7
8	9	10	11	12	13	14
15	16	17	18	19	20	21
22	23	24	25	26	27	28

PRIORIDADES

....
....
....
....

7 am
8 am
9 am
10 am
11 am
12 am
1 pm
2 pm
3 pm
4 pm
5 pm
6 pm
7 pm
8 pm
9 pm

notas

«¡Así que sé fuerte y valiente! No tengas miedo ni sientas pánico frente a ellos, porque el Señor tu Dios, él mismo irá delante de ti. No te fallará ni te abandonará».

DEUTERONOMIO 31:6, NTV

FEBRERO 2026

09 lunes

PRIORIDADES

FEBRERO 2026

D	L	M	M	J	V	S
1	2	3	4	5	6	7
8	9	10	11	12	13	14
15	16	17	18	19	20	21
22	23	24	25	26	27	28

7 am
8 am
9 am
10 am
11 am
12 am
1 pm
2 pm
3 pm
4 pm
5 pm
6 pm
7 pm
8 pm
9 pm

notas

«Humíllense delante del Señor y él los exaltará».

SANTIAGO 4:10, NVI

2026 FEBRERO

FEBRERO 2026

D	L	M	M	J	V	S
1	2	3	4	5	6	7
8	9	10	11	12	13	14
15	16	17	18	19	20	21
22	23	24	25	26	27	28

martes **10**

PRIORIDADES

7 am
8 am
9 am
10 am
11 am
12 am
1 pm
2 pm
3 pm
4 pm
5 pm
6 pm
7 pm
8 pm
9 pm

notas

«Ustedes necesitan perseverar para que, después de haber cumplido la voluntad de Dios, reciban lo que él ha prometido».

HEBREOS 10:36, NVI

FEBRERO   2026

11 miércoles

PRIORIDADES

FEBRERO 2026

D	L	M	M	J	V	S
1	2	3	4	5	6	7
8	9	10	11	12	13	14
15	16	17	18	19	20	21
22	23	24	25	26	27	28

7 am
8 am
9 am
10 am
11 am
12 am
1 pm
2 pm
3 pm
4 pm
5 pm
6 pm
7 pm
8 pm
9 pm

notas

«Estén siempre llenos de alegría en el Señor. Lo repito, ¡alégrense!».

FILIPENSES 4:4, NTV

2026 FEBRERO

FEBRERO 2026

D	L	M	M	J	V	S
1	2	3	4	5	6	7
8	9	10	11	12	13	14
15	16	17	18	19	20	21
22	23	24	25	26	27	28

jueves **12**

PRIORIDADES

7 am
8 am
9 am
10 am
11 am
12 am
1 pm
2 pm
3 pm
4 pm
5 pm
6 pm
7 pm
8 pm
9 pm

notas

«Ustedes aman a Jesucristo a pesar de que nunca lo han visto. Aunque ahora no lo ven, confían en él y se gozan con una alegría gloriosa e indescriptible».

1 PEDRO 1:8, NTV

FEBRERO 2026

13 viernes

PRIORIDADES

FEBRERO 2026

D	L	M	M	J	V	S
1	2	3	4	5	6	7
8	9	10	11	12	13	14
15	16	17	18	19	20	21
22	23	24	25	26	27	28

7 am

8 am

9 am

10 am

11 am

12 am

1 pm

2 pm

3 pm

4 pm

5 pm

6 pm

7 pm

8 pm

9 pm

notas

«Señor, protégeme del poder de los malvados; protégeme de los violentos, de los que piensan hacerme caer».

SALMO 140:4, NVI

2026 FEBRERO

sábado 14

FEBRERO 2026

D	L	M	M	J	V	S
1	2	3	4	5	6	7
8	9	10	11	12	13	14
15	16	17	18	19	20	21
22	23	24	25	26	27	28

PRIORIDADES

- 7 am
- 8 am
- 9 am
- 10 am
- 11 am
- 12 am
- 1 pm
- 2 pm
- 3 pm
- 4 pm
- 5 pm
- 6 pm
- 7 pm
- 8 pm
- 9 pm

notas

«Dios nos ha dado todo lo que necesitamos para llevar una vida de rectitud. Todo esto lo recibimos al llegar a conocer a aquel que nos llamó por medio de su maravillosa gloria y excelencia».

2 PEDRO 1:3, NTV

FEBRERO 2026

15 domingo

PRIORIDADES

FEBRERO 2026

D	L	M	M	J	V	S
1	2	3	4	5	6	7
8	9	10	11	12	13	14
15	16	17	18	19	20	21
22	23	24	25	26	27	28

7 am
8 am
9 am
10 am
11 am
12 am
1 pm
2 pm
3 pm
4 pm
5 pm
6 pm
7 pm
8 pm
9 pm

notas

«Toda la gloria sea al que nos ama y nos ha libertado de nuestros pecados al derramar su sangre por nosotros».

APOCALIPSIS 1:5, NTV

2026   **FEBRERO**

FEBRERO 2026

D	L	M	M	J	V	S
1	2	3	4	5	6	7
8	9	10	11	12	13	14
15	16	17	18	19	20	21
22	23	24	25	26	27	28

lunes **16**

PRIORIDADES

7 am
8 am
9 am
10 am
11 am
12 am
1 pm
2 pm
3 pm
4 pm
5 pm
6 pm
7 pm
8 pm
9 pm

notas

«Así también la fe por sí sola, si no tiene obras, está muerta».

SANTIAGO 2:17, NVI

FEBRERO 2026

17 martes

PRIORIDADES

FEBRERO 2026

D	L	M	M	J	V	S
1	2	3	4	5	6	7
8	9	10	11	12	13	14
15	16	17	18	19	20	21
22	23	24	25	26	27	28

7 am
8 am
9 am
10 am
11 am
12 am
1 pm
2 pm
3 pm
4 pm
5 pm
6 pm
7 pm
8 pm
9 pm

notas

«Pero fiel es el Señor, que os afirmará y guardará del mal».

2 TESALONICENSES 3:3, RVR60

2026 **FEBRERO**

FEBRERO 2026

D	L	M	M	J	V	S
1	2	3	4	5	6	7
8	9	10	11	12	13	14
15	16	17	18	19	20	21
22	23	24	25	26	27	28

miércoles

18

PRIORIDADES

7 am
8 am
9 am
10 am
11 am
12 am
1 pm
2 pm
3 pm
4 pm
5 pm
6 pm
7 pm
8 pm
9 pm

notas

«Dios no es injusto. No olvidará con cuánto esfuerzo han trabajado para él y cómo han demostrado su amor por él sirviendo a otros creyentes como todavía lo hacen».

HEBREOS 6:10, NTV

FEBRERO   2026

19 jueves

PRIORIDADES

FEBRERO 2026

D	L	M	M	J	V	S
1	2	3	4	5	6	7
8	9	10	11	12	13	14
15	16	17	18	19	20	21
22	23	24	25	26	27	28

7 am
8 am
9 am
10 am
11 am
12 am
1 pm
2 pm
3 pm
4 pm
5 pm
6 pm
7 pm
8 pm
9 pm

notas

«Señor, tú eres mi Dios; te exaltaré
y alabaré tu nombre porque has hecho
maravillas. Desde tiempos antiguos
tus planes son fieles y seguros».

ISAÍAS 25:1, NVI

2026 FEBRERO

FEBRERO 2026

D	L	M	M	J	V	S
1	2	3	4	5	6	7
8	9	10	11	12	13	14
15	16	17	18	19	20	21
22	23	24	25	26	27	28

viernes **20**

PRIORIDADES

7 am
8 am
9 am
10 am
11 am
12 am
1 pm
2 pm
3 pm
4 pm
5 pm
6 pm
7 pm
8 pm
9 pm

notas

«Hermanos míos, considérense muy dichosos cuando tengan que enfrentarse con diversas pruebas, pues ya saben que la prueba de su fe produce perseverancia».

SANTIAGO 1:2-3, NVI

FEBRERO 2026

21 sábado

PRIORIDADES

FEBRERO 2026

D	L	M	M	J	V	S
1	2	3	4	5	6	7
8	9	10	11	12	13	14
15	16	17	18	19	20	21
22	23	24	25	26	27	28

7 am
8 am
9 am
10 am
11 am
12 am
1 pm
2 pm
3 pm
4 pm
5 pm
6 pm
7 pm
8 pm
9 pm

notas

«Vivan de una manera digna del llamamiento que han recibido».

EFESIOS 4:1, NVI

2026 FEBRERO

FEBRERO 2026

D	L	M	M	J	V	S
1	2	3	4	5	6	7
8	9	10	11	12	13	14
15	16	17	18	19	20	21
22	23	24	25	26	27	28

domingo **22**

PRIORIDADES

7 am
8 am
9 am
10 am
11 am
12 am
1 pm
2 pm
3 pm
4 pm
5 pm
6 pm
7 pm
8 pm
9 pm

notas

«Si ustedes creen, recibirán todo lo que pidan en oración».

MATEO 21:22, NVI

FEBRERO 2026

23 lunes

PRIORIDADES

FEBRERO 2026

D	L	M	M	J	V	S
1	2	3	4	5	6	7
8	9	10	11	12	13	14
15	16	17	18	19	20	21
22	**23**	24	25	26	27	28

7 am

8 am

9 am

10 am

11 am

12 am

1 pm

2 pm

3 pm

4 pm

5 pm

6 pm

7 pm

8 pm

9 pm

notas

«Engaño hay en el corazón de los que piensan mal; pero alegría en el de los que piensan bien».

PROVERBIOS 12:20, RVR60

2026 FEBRERO

FEBRERO 2026

D	L	M	M	J	V	S
1	2	3	4	5	6	7
8	9	10	11	12	13	14
15	16	17	18	19	20	21
22	23	24	25	26	27	28

martes **24**

PRIORIDADES

7 am
8 am
9 am
10 am
11 am
12 am
1 pm
2 pm
3 pm
4 pm
5 pm
6 pm
7 pm
8 pm
9 pm

notas

«No solo escuchen la palabra de Dios; tienen que ponerla en práctica. De lo contrario, solamente se engañan a sí mismos».

SANTIAGO 1:22, NTV

FEBRERO   2026

25 miércoles

PRIORIDADES

FEBRERO 2026

D	L	M	M	J	V	S
1	2	3	4	5	6	7
8	9	10	11	12	13	14
15	16	17	18	19	20	21
22	23	24	25	26	27	28

7 am
8 am
9 am
10 am
11 am
12 am
1 pm
2 pm
3 pm
4 pm
5 pm
6 pm
7 pm
8 pm
9 pm

notas

«Y nosotros hemos conocido y creído el amor que Dios tiene para con nosotros. Dios es amor; y el que permanece en amor, permanece en Dios, y Dios en él».

1 JUAN 4:16, RVR60

2026

FEBRERO

FEBRERO 2026

D	L	M	M	J	V	S
	1	2	3	4	5	6	7
8	9	10	11	12	13	14
15	16	17	18	19	20	21
22	23	24	25	26	27	28

jueves

26

PRIORIDADES

7 am
8 am
9 am
10 am
11 am
12 am
1 pm
2 pm
3 pm
4 pm
5 pm
6 pm
7 pm
8 pm
9 pm

notas

«Me mostrarás el camino de la vida; me concederás la alegría de tu presencia y el placer de vivir contigo para siempre».

SALMO 16:11, NTV

FEBRERO   2026

27 viernes

PRIORIDADES

FEBRERO 2026

D	L	M	M	J	V	S
1	2	3	4	5	6	7
8	9	10	11	12	13	14
15	16	17	18	19	20	21
22	23	24	25	26	27	28

7 am
8 am
9 am
10 am
11 am
12 am
1 pm
2 pm
3 pm
4 pm
5 pm
6 pm
7 pm
8 pm
9 pm

notas

«El Señor te cuidará; de todo mal guardará tu vida. El Señor cuidará tu salida y tu entrada, desde ahora y para siempre».

SALMO 121:7-8, NVI

2026 FEBRERO

FEBRERO 2026

D	L	M	M	J	V	S
1	2	3	4	5	6	7
8	9	10	11	12	13	14
15	16	17	18	19	20	21
22	23	24	25	26	27	28

sábado **28**

PRIORIDADES

7 am
8 am
9 am
10 am
11 am
12 am
1 pm
2 pm
3 pm
4 pm
5 pm
6 pm
7 pm
8 pm
9 pm

notas

«¡Dios es mi salvación! Confiaré en él y no temeré. El Señor es mi fuerza, el Señor es mi canción; ¡él es mi salvación!».

ISAÍAS 12:2, NVI

notas

Marzo

«Tú, en cambio, hombre de Dios, huye de todo eso y esmérate en seguir la justicia, la devoción, la fe, el amor, la constancia y la humildad».

1 TIMOTEO 6:11, NVI

Marzo 2026

DOMINGO	LUNES	MARTES	MIÉRCOLES
1	2	3	4
8	9	10	11
15	16	17	18
22	23	24	25
29	30	31	

JUEVES	VIERNES	SÁBADO	notas
5	6	7	
12	13	14	
19	20	21	
26	27	28	

FEBRERO 2026

D	L	M	M	J	V	S
1	2	3	4	5	6	7
8	9	10	11	12	13	14
15	16	17	18	19	20	21
22	23	24	25	26	27	28

ABRIL 2026

D	L	M	M	J	V	S
			1	2	3	4
5	6	7	8	9	10	11
12	13	14	15	16	17	18
19	20	21	22	23	24	25
26	27	28	29	30		

Plan mensual

PRIORIDADES DEL MES

OBJETIVOS PERSONALES

OBJETIVOS GENERALES

Presupuesto mensual

CUENTAS	FECHA	CANTIDAD	PAGO	BALANCE

«El Señor nos da la riqueza».
1 SAMUEL 2:7, NVI

TOTAL

MARZO 2026

01 domingo

PRIORIDADES

MARZO 2026

D	L	M	M	J	V	S
1	2	3	4	5	6	7
8	9	10	11	12	13	14
15	16	17	18	19	20	21
22	23	24	25	26	27	28
29	30	31				

7 am
8 am
9 am
10 am
11 am
12 am
1 pm
2 pm
3 pm
4 pm
5 pm
6 pm
7 pm
8 pm
9 pm

notas

«No sean egoístas; no traten de impresionar a nadie. Sean humildes, es decir, considerando a los demás como mejores que ustedes».

FILIPENSES 2:3, NTV

2026 MARZO

lunes 02

MARZO 2026

D	L	M	M	J	V	S
1	2	3	4	5	6	7
8	9	10	11	12	13	14
15	16	17	18	19	20	21
22	23	24	25	26	27	28
29	30	31				

PRIORIDADES

7 am
8 am
9 am
10 am
11 am
12 am
1 pm
2 pm
3 pm
4 pm
5 pm
6 pm
7 pm
8 pm
9 pm

notas

«Y Dios puede hacer que toda gracia abunde para ustedes, de manera que siempre, en toda circunstancia, tengan todo lo necesario y toda buena obra abunde en ustedes».

2 CORINTIOS 9:8, NVI

MARZO 2026

03 martes

PRIORIDADES

MARZO 2026

D	L	M	M	J	V	S
1	2	3	4	5	6	7
8	9	10	11	12	13	14
15	16	17	18	19	20	21
22	23	24	25	26	27	28
29	30	31				

7 am

8 am

9 am

10 am

11 am

12 am

1 pm

2 pm

3 pm

4 pm

5 pm

6 pm

7 pm

8 pm

9 pm

notas

«Porque eres precioso a mis ojos y digno de honra, yo te amo. A cambio de ti entregaré pueblos; a cambio de tu vida entregaré naciones».

ISAÍAS 43:4, NVI

2026 **MARZO**

miércoles

04

MARZO 2026

D	L	M	M	J	V	S
1	2	3	4	5	6	7
8	9	10	11	12	13	14
15	16	17	18	19	20	21
22	23	24	25	26	27	28
29	30	31				

PRIORIDADES

7 am
8 am
9 am
10 am
11 am
12 am
1 pm
2 pm
3 pm
4 pm
5 pm
6 pm
7 pm
8 pm
9 pm

notas

«Que habite en ustedes la palabra de Cristo con toda su riqueza: instrúyanse y aconséjense unos a otros con toda sabiduría; canten salmos, himnos y canciones espirituales a Dios, con gratitud de corazón».

COLOSENSES 3:16, NVI

MARZO   2026

05 jueves

PRIORIDADES

MARZO 2026

D	L	M	M	J	V	S
1	2	3	4	5	6	7
8	9	10	11	12	13	14
15	16	17	18	19	20	21
22	23	24	25	26	27	28
29	30	31				

7 am

8 am

9 am

10 am

11 am

12 am

1 pm

2 pm

3 pm

4 pm

5 pm

6 pm

7 pm

8 pm

9 pm

notas

«Los que esperan a Jehová tendrán nuevas fuerzas; levantarán alas como las águilas; correrán, y no se cansarán; caminarán, y no se fatigarán».

ISAÍAS 40:31, RVR60

2026 MARZO

viernes 06

MARZO 2026

D	L	M	M	J	V	S
1	2	3	4	5	6	7
8	9	10	11	12	13	14
15	16	17	18	19	20	21
22	23	24	25	26	27	28
29	30	31				

PRIORIDADES

7 am
8 am
9 am
10 am
11 am
12 am
1 pm
2 pm
3 pm
4 pm
5 pm
6 pm
7 pm
8 pm
9 pm

notas

«Estos confían en carros, y aquellos en caballos; más nosotros en el nombre del Señor».

SALMO 20:7, RVR60

MARZO 2026

07 sábado

PRIORIDADES

MARZO 2026

D	L	M	M	J	V	S
1	2	3	4	5	6	7
8	9	10	11	12	13	14
15	16	17	18	19	20	21
22	23	24	25	26	27	28
29	30	31				

7 am
8 am
9 am
10 am
11 am
12 am
1 pm
2 pm
3 pm
4 pm
5 pm
6 pm
7 pm
8 pm
9 pm

notas

«Pero en mi angustia, clamé al Señor;
sí, oré a mi Dios para pedirle ayuda.
Él me oyó desde su santuario;
mi clamor llegó a sus oídos».

SALMO 18:6, NTV

2026　　　　　　　　　　　　　　MARZO

domingo

08

MARZO 2026

D	L	M	M	J	V	S
1	2	3	4	5	6	7
8	9	10	11	12	13	14
15	16	17	18	19	20	21
22	23	24	25	26	27	28
29	30	31				

PRIORIDADES

7 am
8 am
9 am
10 am
11 am
12 am
1 pm
2 pm
3 pm
4 pm
5 pm
6 pm
7 pm
8 pm
9 pm

notas

«Más bien, sean bondadosos y compasivos unos con otros y perdónense mutuamente, así como Dios los perdonó a ustedes en Cristo».

EFESIOS 4:32, NVI

MARZO 2026

09 lunes

PRIORIDADES

MARZO 2026

D	L	M	M	J	V	S
1	2	3	4	5	6	7
8	9	10	11	12	13	14
15	16	17	18	19	20	21
22	23	24	25	26	27	28
29	30	31				

7 am
8 am
9 am
10 am
11 am
12 am
1 pm
2 pm
3 pm
4 pm
5 pm
6 pm
7 pm
8 pm
9 pm

notas

«Con Dios está la sabiduría y el poder; suyo es el consejo y la inteligencia».

JOB 12:13, RVR60

2026 MARZO

MARZO 2026

D	L	M	M	J	V	S
1	2	3	4	5	6	7
8	9	10	11	12	13	14
15	16	17	18	19	20	21
22	23	24	25	26	27	28
29	30	31				

martes 10

PRIORIDADES

7 am
8 am
9 am
10 am
11 am
12 am
1 pm
2 pm
3 pm
4 pm
5 pm
6 pm
7 pm
8 pm
9 pm

notas

«En realidad, sin fe es imposible agradar a Dios, ya que cualquiera que se acerca a Dios tiene que creer que él existe y que recompensa a quienes lo buscan».

HEBREOS 11:6, NVI

MARZO 2026

11 miércoles

PRIORIDADES

MARZO 2026

D	L	M	M	J	V	S
1	2	3	4	5	6	7
8	9	10	11	12	13	14
15	16	17	18	19	20	21
22	23	24	25	26	27	28
29	30	31				

7 am
8 am
9 am
10 am
11 am
12 am
1 pm
2 pm
3 pm
4 pm
5 pm
6 pm
7 pm
8 pm
9 pm

notas

«El corazón alegre constituye buen remedio».

PROVERBIOS 17:22, RVR60

2026 MARZO

jueves **12**

MARZO 2026

D	L	M	M	J	V	S
1	2	3	4	5	6	7
8	9	10	11	12	13	14
15	16	17	18	19	20	21
22	23	24	25	26	27	28
29	30	31				

PRIORIDADES

7 am
8 am
9 am
10 am
11 am
12 am
1 pm
2 pm
3 pm
4 pm
5 pm
6 pm
7 pm
8 pm
9 pm

notas

«Arrepentíos y convertíos, para que sean borrados vuestros pecados».

HECHOS 3:19, RVR60

MARZO 2026

13 viernes

PRIORIDADES

MARZO 2026

D	L	M	M	J	V	S
1	2	3	4	5	6	7
8	9	10	11	12	13	14
15	16	17	18	19	20	21
22	23	24	25	26	27	28
29	30	31				

7 am
8 am
9 am
10 am
11 am
12 am
1 pm
2 pm
3 pm
4 pm
5 pm
6 pm
7 pm
8 pm
9 pm

notas

«Bendigan a quienes los persigan; bendigan y no maldigan».

ROMANOS 12:14, NVI

2026   **MARZO**

sábado **14**

MARZO 2026

D	L	M	M	J	V	S
1	2	3	4	5	6	7
8	9	10	11	12	13	14
15	16	17	18	19	20	21
22	23	24	25	26	27	28
29	30	31				

PRIORIDADES

7 am

8 am

9 am

10 am

11 am

12 am

1 pm

2 pm

3 pm

4 pm

5 pm

6 pm

7 pm

8 pm

9 pm

notas

«Cuando mi mente se llenó de dudas,
tu consuelo renovó mi esperanza
y mi alegría».

SALMO 94:19, NTV

MARZO 2026

15 domingo

PRIORIDADES

MARZO 2026

D	L	M	M	J	V	S
1	2	3	4	5	6	7
8	9	10	11	12	13	14
15	16	17	18	19	20	21
22	23	24	25	26	27	28
29	30	31				

7 am
8 am
9 am
10 am
11 am
12 am
1 pm
2 pm
3 pm
4 pm
5 pm
6 pm
7 pm
8 pm
9 pm

notas

«Señor, tú nos concederás la paz; en realidad, todo lo que hemos logrado viene de ti».

ISAÍAS 26:12, NTV

2026 MARZO

MARZO 2026

D	L	M	M	J	V	S
1	2	3	4	5	6	7
8	9	10	11	12	13	14
15	16	17	18	19	20	21
22	23	24	25	26	27	28
29	30	31				

lunes **16**

PRIORIDADES

7 am

8 am

9 am

10 am

11 am

12 am

1 pm

2 pm

3 pm

4 pm

5 pm

6 pm

7 pm

8 pm

9 pm

notas

«Lo mismo sucede con mi palabra. La envío y siempre produce fruto; logrará todo lo que yo quiero, y prosperará en todos los lugares donde yo la envíe».

ISAÍAS 55:11, NTV

MARZO 2026

17 martes

PRIORIDADES

MARZO 2026

D	L	M	M	J	V	S
1	2	3	4	5	6	7
8	9	10	11	12	13	14
15	16	17	18	19	20	21
22	23	24	25	26	27	28
29	30	31				

7 am

8 am

9 am

10 am

11 am

12 am

1 pm

2 pm

3 pm

4 pm

5 pm

6 pm

7 pm

8 pm

9 pm

notas

«"Vengan, pongamos las cosas en claro", dice el Señor. "Aunque sus pecados sean como escarlata, quedarán blancos como la nieve. Aunque sean rojos como la púrpura, quedarán como la lana"».

ISAÍAS 1:18, NVI

2026 MARZO

miércoles 18

MARZO 2026

D	L	M	M	J	V	S
1	2	3	4	5	6	7
8	9	10	11	12	13	14
15	16	17	18	19	20	21
22	23	24	25	26	27	28
29	30	31				

PRIORIDADES

7 am
8 am
9 am
10 am
11 am
12 am
1 pm
2 pm
3 pm
4 pm
5 pm
6 pm
7 pm
8 pm
9 pm

notas

«Podemos hacer nuestros planes, pero el Señor determina nuestros pasos».

PROVERBIOS 16:9, NTV

MARZO   2026

19 jueves

PRIORIDADES

MARZO 2026

D	L	M	M	J	V	S
1	2	3	4	5	6	7
8	9	10	11	12	13	14
15	16	17	18	19	20	21
22	23	24	25	26	27	28
29	30	31				

7 am

8 am

9 am

10 am

11 am

12 am

1 pm

2 pm

3 pm

4 pm

5 pm

6 pm

7 pm

8 pm

9 pm

notas

«En esto consiste el amor: no en que nosotros hayamos amado a Dios, sino en que él nos amó y envió a su Hijo para que fuera ofrecido como sacrificio por el perdón de nuestros pecados».

1 JUAN 4:10, NVI

2026   MARZO

MARZO 2026

D	L	M	M	J	V	S
	1	2	3	4	5	6	7
8	9	10	11	12	13	14
15	16	17	18	19	20	21
22	23	24	25	26	27	28
29	30	31				

viernes **20**

PRIORIDADES

7 am
8 am
9 am
10 am
11 am
12 am
1 pm
2 pm
3 pm
4 pm
5 pm
6 pm
7 pm
8 pm
9 pm

notas

«Porque somos hechura de Dios, creados en Cristo Jesús para buenas obras, las cuales Dios dispuso de antemano a fin de que las pongamos en práctica».

EFESIOS 2:10, NVI

MARZO   2026

21 sábado

PRIORIDADES

MARZO 2026

D	L	M	M	J	V	S
1	2	3	4	5	6	7
8	9	10	11	12	13	14
15	16	17	18	19	20	21
22	23	24	25	26	27	28
29	30	31				

7 am

8 am

9 am

10 am

11 am

12 am

1 pm

2 pm

3 pm

4 pm

5 pm

6 pm

7 pm

8 pm

9 pm

notas

«Porque tú, oh Señor Jehová, eres mi esperanza, seguridad mía desde mi juventud».

SALMO 71:5, RVR60

2026 MARZO

domingo **22**

MARZO 2026

D	L	M	M	J	V	S
1	2	3	4	5	6	7
8	9	10	11	12	13	14
15	16	17	18	19	20	21
22	23	24	25	26	27	28
29	30	31				

PRIORIDADES

- 7 am
- 8 am
- 9 am
- 10 am
- 11 am
- 12 am
- 1 pm
- 2 pm
- 3 pm
- 4 pm
- 5 pm
- 6 pm
- 7 pm
- 8 pm
- 9 pm

notas

«Tengan la misma actitud que tuvo Cristo Jesús».

HEBREOS 12:2, NTV

MARZO   2026

23 lunes

PRIORIDADES

MARZO 2026

D	L	M	M	J	V	S
1	2	3	4	5	6	7
8	9	10	11	12	13	14
15	16	17	18	19	20	21
22	**23**	24	25	26	27	28
29	30	31				

7 am

8 am

9 am

10 am

11 am

12 am

1 pm

2 pm

3 pm

4 pm

5 pm

6 pm

7 pm

8 pm

9 pm

notas

«El Señor dice:
"Te guiaré por el mejor sendero
para tu vida; te aconsejaré
y velaré por ti"».

SALMO 32:8, NTV

2026 MARZO

MARZO 2026

D	L	M	M	J	V	S
1	2	3	4	5	6	7
8	9	10	11	12	13	14
15	16	17	18	19	20	21
22	23	24	25	26	27	28
29	30	31				

martes **24**

PRIORIDADES

7 am
8 am
9 am
10 am
11 am
12 am
1 pm
2 pm
3 pm
4 pm
5 pm
6 pm
7 pm
8 pm
9 pm

notas

«La sabiduría es lo primero.
¡Adquiere sabiduría!
Por sobre todas las posesiones,
adquiere discernimiento».

PROVERBIOS 4:7, NVI

MARZO 2026

25 miércoles

PRIORIDADES

MARZO 2026

D	L	M	M	J	V	S
1	2	3	4	5	6	7
8	9	10	11	12	13	14
15	16	17	18	19	20	21
22	23	24	**25**	26	27	28
29	30	31				

7 am
8 am
9 am
10 am
11 am
12 am
1 pm
2 pm
3 pm
4 pm
5 pm
6 pm
7 pm
8 pm
9 pm

notas

«Es mejor refugiarse en el Señor
que confiar en la gente».

SALMO 118:8, NTV

2026 MARZO

MARZO 2026

D	L	M	M	J	V	S
1	2	3	4	5	6	7
8	9	10	11	12	13	14
15	16	17	18	19	20	21
22	23	24	25	26	27	28
29	30	31				

jueves

26

PRIORIDADES

7 am
8 am
9 am
10 am
11 am
12 am
1 pm
2 pm
3 pm
4 pm
5 pm
6 pm
7 pm
8 pm
9 pm

notas

«Mas tú, Jehová, eres escudo alrededor de mí; mi gloria, y el que levanta mi cabeza».

SALMO 3:3, RVR60

MARZO 2026

27 viernes

PRIORIDADES

MARZO 2026

D	L	M	M	J	V	S
	1	2	3	4	5	6	7
8	9	10	11	12	13	14
15	16	17	18	19	20	21
22	23	24	25	26	27	28
29	30	31				

7 am

8 am

9 am

10 am

11 am

12 am

1 pm

2 pm

3 pm

4 pm

5 pm

6 pm

7 pm

8 pm

9 pm

notas

«Señor hazme conocer tus caminos;
y enséñame tus sendas».

SALMO 25:4, NVI

2026 MARZO

sábado **28**

MARZO 2026

D	L	M	M	J	V	S
						7
1	2	3	4	5	6	7
8	9	10	11	12	13	14
15	16	17	18	19	20	21
22	23	24	25	26	27	28
29	30	31				

PRIORIDADES

7 am
8 am
9 am
10 am
11 am
12 am
1 pm
2 pm
3 pm
4 pm
5 pm
6 pm
7 pm
8 pm
9 pm

notas

«Él sana a los quebrantados de corazón,
y venda sus heridas».

SALMO 147:3, RVR60

MARZO 2026

29 domingo

PRIORIDADES

MARZO 2026

D	L	M	M	J	V	S
1	2	3	4	5	6	7
8	9	10	11	12	13	14
15	16	17	18	19	20	21
22	23	24	25	26	27	28
29	30	31				

7 am

8 am

9 am

10 am

11 am

12 am

1 pm

2 pm

3 pm

4 pm

5 pm

6 pm

7 pm

8 pm

9 pm

notas

«Manténganse firmes y aguarden con paciencia la venida del Señor, que ya se acerca».

SANTIAGO 5:8, NVI

2026 MARZO

MARZO 2026

D	L	M	M	J	V	S
1	2	3	4	5	6	7
8	9	10	11	12	13	14
15	16	17	18	19	20	21
22	23	24	25	26	27	28
29	30	31				

lunes **30**

PRIORIDADES

7 am

8 am

9 am

10 am

11 am

12 am

1 pm

2 pm

3 pm

4 pm

5 pm

6 pm

7 pm

8 pm

9 pm

notas

«Que te conceda lo que tu corazón desea; que haga que se cumplan todos tus planes».

SALMO 20:4, NVI

MARZO 2026

31 martes

PRIORIDADES

MARZO 2026

D	L	M	M	J	V	S
1	2	3	4	5	6	7
8	9	10	11	12	13	14
15	16	17	18	19	20	21
22	23	24	25	26	27	28
29	30	31				

7 am
8 am
9 am
10 am
11 am
12 am
1 pm
2 pm
3 pm
4 pm
5 pm
6 pm
7 pm
8 pm
9 pm

notas

«No tengan miedo, mi rebaño pequeño, porque es la buena voluntad del Padre darles el reino».

LUCAS 12:32, NVI

Abril

«El Señor es mi fuerza y mi escudo; mi corazón en él confía; de él recibo ayuda. Mi corazón salta de alegría, y con cánticos le daré gracias».

SALMO 28:7, NVI

Abril 2026

DOMINGO	LUNES	MARTES	MIÉRCOLES
			1
5	6	7	8
12	13	14	15
19	20	21	22
26	27	28	29

JUEVES	VIERNES	SÁBADO	notas
2	3	4	
9	10	11	
16	17	18	
23	24	25	
30			

MARZO 2026

D	L	M	M	J	V	S
1	2	3	4	5	6	7
8	9	10	11	12	13	14
15	16	17	18	19	20	21
22	23	24	25	26	27	28
29	30	31				

MAYO 2026

D	L	M	M	J	V	S
					1	2
3	4	5	6	7	8	9
10	11	12	13	14	15	16
17	18	19	20	21	22	23
24	25	26	27	28	29	30
31						

Plan mensual

PRIORIDADES DEL MES

OBJETIVOS PERSONALES

OBJETIVOS GENERALES

Presupuesto mensual

CUENTAS	FECHA	CANTIDAD	PAGO	BALANCE

«De ti proceden la riqueza y el honor».
1 CRÓNICAS 29:12, LBLA

TOTAL

ABRIL 2026

01 miércoles

PRIORIDADES

ABRIL 2026

D	L	M	M	J	V	S
			1	2	3	4
5	6	7	8	9	10	11
12	13	14	15	16	17	18
19	20	21	22	23	24	25
26	27	28	29	30		

7 am

8 am

9 am

10 am

11 am

12 am

1 pm

2 pm

3 pm

4 pm

5 pm

6 pm

7 pm

8 pm

9 pm

notas

«Pon todo lo que hagas en manos del Señor, y tus planes tendrán éxito».

PROVERBIOS 16:3, NTV

2026   **ABRIL**

jueves **02**

ABRIL 2026

D	L	M	M	J	V	S
			1	2	3	4
5	6	7	8	9	10	11
12	13	14	15	16	17	18
19	20	21	22	23	24	25
26	27	28	29	30		

PRIORIDADES

7 am
8 am
9 am
10 am
11 am
12 am
1 pm
2 pm
3 pm
4 pm
5 pm
6 pm
7 pm
8 pm
9 pm

notas

«De cierto os digo, que el que no reciba el reino de Dios como un niño, no entrará en él».

MARCOS 10:15, RVR60

ABRIL 2026

03 viernes

PRIORIDADES

ABRIL 2026

D	L	M	M	J	V	S
			1	2	3	4
5	6	7	8	9	10	11
12	13	14	15	16	17	18
19	20	21	22	23	24	25
26	27	28	29	30		

7 am
8 am
9 am
10 am
11 am
12 am
1 pm
2 pm
3 pm
4 pm
5 pm
6 pm
7 pm
8 pm
9 pm

notas

«Señor, ¡ten compasión de nosotros; pues en ti esperamos! Sé nuestra fortaleza cada mañana, nuestra salvación en tiempo de angustia».

ISAÍAS 33:2, NVI

2026 ABRIL

ABRIL 2026

D	L	M	M	J	V	S
			1	2	3	4
5	6	7	8	9	10	11
12	13	14	15	16	17	18
19	20	21	22	23	24	25
26	27	28	29	30		

sábado **04**

PRIORIDADES

7 am

8 am

9 am

10 am

11 am

12 am

1 pm

2 pm

3 pm

4 pm

5 pm

6 pm

7 pm

8 pm

9 pm

notas

«Y no solo en esto, sino también en nuestros sufrimientos, porque sabemos que el sufrimiento produce perseverancia; la perseverancia, entereza de carácter; la entereza de carácter, esperanza».

ROMANOS 5:3-4, NVI

ABRIL 2026

05 domingo

PRIORIDADES

ABRIL 2026

D	L	M	M	J	V	S
			1	2	3	4
5	6	7	8	9	10	11
12	13	14	15	16	17	18
19	20	21	22	23	24	25
26	27	28	29	30		

7 am
8 am
9 am
10 am
11 am
12 am
1 pm
2 pm
3 pm
4 pm
5 pm
6 pm
7 pm
8 pm
9 pm

notas

«Así que acerquémonos confiadamente al trono de la gracia para recibir la misericordia y encontrar la gracia que nos ayuden oportunamente».

HEBREOS 4:16, NVI

2026 ABRIL

ABRIL 2026

D	L	M	M	J	V	S
			1	2	3	4
5	6	7	8	9	10	11
12	13	14	15	16	17	18
19	20	21	22	23	24	25
26	27	28	29	30		

lunes
06

PRIORIDADES

7 am
8 am
9 am
10 am
11 am
12 am
1 pm
2 pm
3 pm
4 pm
5 pm
6 pm
7 pm
8 pm
9 pm

notas

«El Señor abrirá los cielos, su generoso tesoro, para derramar a su debido tiempo la lluvia sobre la tierra y para bendecir todo el trabajo de tus manos».

DEUTERONOMIO 28:12, NVI

ABRIL 2026

07 martes

PRIORIDADES

ABRIL 2026

D	L	M	M	J	V	S
			1	2	3	4
5	6	7	8	9	10	11
12	13	14	15	16	17	18
19	20	21	22	23	24	25
26	27	28	29	30		

7 am
8 am
9 am
10 am
11 am
12 am
1 pm
2 pm
3 pm
4 pm
5 pm
6 pm
7 pm
8 pm
9 pm

notas

«Así que no se preocupen por el mañana, porque el día de mañana traerá sus propias preocupaciones. Los problemas del día de hoy son suficientes por hoy».

MATEO 6:34, NTV

2026 ABRIL

miércoles 08

ABRIL 2026

D	L	M	M	J	V	S
			1	2	3	4
5	6	7	8	9	10	11
12	13	14	15	16	17	18
19	20	21	22	23	24	25
26	27	28	29	30		

PRIORIDADES

7 am
8 am
9 am
10 am
11 am
12 am
1 pm
2 pm
3 pm
4 pm
5 pm
6 pm
7 pm
8 pm
9 pm

notas

«El Señor es compasivo y misericordioso, lento para enojarse y está lleno de amor inagotable».

SALMO 103:8, NTV

ABRIL 2026

09 jueves

PRIORIDADES

ABRIL 2026

D	L	M	M	J	V	S
			1	2	3	4
5	6	7	8	9	10	11
12	13	14	15	16	17	18
19	20	21	22	23	24	25
26	27	28	29	30		

7 am
8 am
9 am
10 am
11 am
12 am
1 pm
2 pm
3 pm
4 pm
5 pm
6 pm
7 pm
8 pm
9 pm

notas

«Tú eres mi fuerza; espero que me rescates, porque tú, oh Dios, eres mi fortaleza».

SALMO 59:9, NTV

2026 ABRIL

viernes 10

ABRIL 2026

D	L	M	M	J	V	S
			1	2	3	4
5	6	7	8	9	10	11
12	13	14	15	16	17	18
19	20	21	22	23	24	25
26	27	28	29	30		

PRIORIDADES

7 am
8 am
9 am
10 am
11 am
12 am
1 pm
2 pm
3 pm
4 pm
5 pm
6 pm
7 pm
8 pm
9 pm

notas

«En esa esperanza fuimos salvados. Pero esperar lo que ya se ve no es esperanza. ¿Quién espera lo que ya ve? Pero si esperamos lo que todavía no vemos, en la espera mostramos nuestra constancia».

ROMANOS 8:24-25, NVI

ABRIL 2026

11 sábado

PRIORIDADES

ABRIL 2026

D	L	M	M	J	V	S
			1	2	3	4
5	6	7	8	9	10	11
12	13	14	15	16	17	18
19	20	21	22	23	24	25
26	27	28	29	30		

7 am
8 am
9 am
10 am
11 am
12 am
1 pm
2 pm
3 pm
4 pm
5 pm
6 pm
7 pm
8 pm
9 pm

notas

«Dios, que es rico en misericordia, por su gran amor por nosotros, nos dio vida con Cristo, aun cuando estábamos muertos en pecados. ¡Por gracia ustedes han sido salvados!».

EFESIOS 2:4-5, NVI

2026 ABRIL

ABRIL 2026

D	L	M	M	J	V	S
			1	2	3	4
5	6	7	8	9	10	11
12	13	14	15	16	17	18
19	20	21	22	23	24	25
26	27	28	29	30		

domingo **12**

PRIORIDADES

7 am
8 am
9 am
10 am
11 am
12 am
1 pm
2 pm
3 pm
4 pm
5 pm
6 pm
7 pm
8 pm
9 pm

notas

«El Señor es mi fuerza y mi canción; ¡él es mi salvación! Él es mi Dios y lo alabaré; es el Dios de mi padre y lo enalteceré».

ÉXODO 15:2, NVI

ABRIL 2026

13 lunes

PRIORIDADES

ABRIL 2026

D	L	M	M	J	V	S
			1	2	3	4
5	6	7	8	9	10	11
12	13	14	15	16	17	18
19	20	21	22	23	24	25
26	27	28	29	30		

7 am
8 am
9 am
10 am
11 am
12 am
1 pm
2 pm
3 pm
4 pm
5 pm
6 pm
7 pm
8 pm
9 pm

notas

«El Señor es mi luz y mi salvación; ¿a quién temeré? El Señor es el baluarte de mi vida; ¿quién me asustará?».

SALMO 27:1, NVI

2026 ABRIL

ABRIL 2026

D	L	M	M	J	V	S
			1	2	3	4
5	6	7	8	9	10	11
12	13	14	15	16	17	18
19	20	21	22	23	24	25
26	27	28	29	30		

martes **14**

PRIORIDADES

7 am
8 am
9 am
10 am
11 am
12 am
1 pm
2 pm
3 pm
4 pm
5 pm
6 pm
7 pm
8 pm
9 pm

notas

«El Señor tu Dios, está en medio de ti como poderoso guerrero que salva. Se deleitará en ti con gozo, te renovará con su amor, se alegrará por ti con cantos».

SOFONÍAS 3:17, NVI

ABRIL 2026

15 miércoles

PRIORIDADES

ABRIL 2026

D	L	M	M	J	V	S
			1	2	3	4
5	6	7	8	9	10	11
12	13	14	15	16	17	18
19	20	21	22	23	24	25
26	27	28	29	30		

- 7 am
- 8 am
- 9 am
- 10 am
- 11 am
- 12 am
- 1 pm
- 2 pm
- 3 pm
- 4 pm
- 5 pm
- 6 pm
- 7 pm
- 8 pm
- 9 pm

notas

«¡Él te ha mostrado, oh mortal, lo que es bueno! ¿Y qué es lo que espera de ti el Señor?: Practicar la justicia, amar la misericordia y caminar humildemente ante tu Dios».

MIQUEAS 6:8, NVI

2026 **ABRIL**

ABRIL 2026

D	L	M	M	J	V	S
			1	2	3	4
5	6	7	8	9	10	11
12	13	14	15	16	17	18
19	20	21	22	23	24	25
26	27	28	29	30		

jueves **16**

PRIORIDADES

7 am
8 am
9 am
10 am
11 am
12 am
1 pm
2 pm
3 pm
4 pm
5 pm
6 pm
7 pm
8 pm
9 pm

notas

«Si a alguno de ustedes le falta sabiduría, pídasela a Dios y él se la dará, pues Dios da a todos generosamente sin menospreciar a nadie».

SANTIAGO 1:5, NVI

ABRIL 2026

17 viernes

PRIORIDADES

ABRIL 2026

D	L	M	M	J	V	S
			1	2	3	4
5	6	7	8	9	10	11
12	13	14	15	16	17	18
19	20	21	22	23	24	25
26	27	28	29	30		

7 am
8 am
9 am
10 am
11 am
12 am
1 pm
2 pm
3 pm
4 pm
5 pm
6 pm
7 pm
8 pm
9 pm

notas

«Den gracias por todo a Dios el Padre en el nombre de nuestro Señor Jesucristo».

EFESIOS 5:20, NTV

2026 ABRIL

ABRIL 2026

D	L	M	M	J	V	S
			1	2	3	4
5	6	7	8	9	10	11
12	13	14	15	16	17	18
19	20	21	22	23	24	25
26	27	28	29	30		

sábado **18**

PRIORIDADES

7 am
8 am
9 am
10 am
11 am
12 am
1 pm
2 pm
3 pm
4 pm
5 pm
6 pm
7 pm
8 pm
9 pm

notas

«Guarda silencio ante el Señor y espera en él con paciencia; no te enojes ante el éxito de otros, de los que maquinan planes malvados».

SALMO 37:7, NVI

ABRIL 2026

19 domingo

PRIORIDADES

ABRIL 2026

D	L	M	M	J	V	S
			1	2	3	4
5	6	7	8	9	10	11
12	13	14	15	16	17	18
19	20	21	22	23	24	25
26	27	28	29	30		

7 am

8 am

9 am

10 am

11 am

12 am

1 pm

2 pm

3 pm

4 pm

5 pm

6 pm

7 pm

8 pm

9 pm

notas

«Reconócelo en todos tus caminos, y él enderezará tus veredas».

PROVERBIOS 3:6, RVR60

2026 **ABRIL**

ABRIL 2026

D	L	M	M	J	V	S
			1	2	3	4
5	6	7	8	9	10	11
12	13	14	15	16	17	18
19	20	21	22	23	24	25
26	27	28	29	30		

PRIORIDADES

lunes **20**

7 am
8 am
9 am
10 am
11 am
12 am
1 pm
2 pm
3 pm
4 pm
5 pm
6 pm
7 pm
8 pm
9 pm

notas

«¿Se olvidará la mujer de lo que dio a luz, para dejar de compadecerse del hijo de su vientre? Aunque olvide ella, yo nunca me olvidaré de ti».

ISAÍAS 49:15, RVR60

ABRIL 2026

21 martes

PRIORIDADES

ABRIL 2026

D	L	M	M	J	V	S
			1	2	3	4
5	6	7	8	9	10	11
12	13	14	15	16	17	18
19	20	21	22	23	24	25
26	27	28	29	30		

7 am
8 am
9 am
10 am
11 am
12 am
1 pm
2 pm
3 pm
4 pm
5 pm
6 pm
7 pm
8 pm
9 pm

notas

«El Señor es mi fuerza
y mi canción;
¡él es mi salvación!».

SALMO 118:14, NVI

2026   **ABRIL**

ABRIL 2026

D	L	M	M	J	V	S
			1	2	3	4
5	6	7	8	9	10	11
12	13	14	15	16	17	18
19	20	21	22	23	24	25
26	27	28	29	30		

miércoles **22**

PRIORIDADES

7 am

8 am

9 am

10 am

11 am

12 am

1 pm

2 pm

3 pm

4 pm

5 pm

6 pm

7 pm

8 pm

9 pm

notas

«Bendito sea el Señor, mi Roca, que adiestra mis manos para la guerra, mis dedos para la batalla».

SALMO 144:1, NVI

ABRIL 2026

23 jueves

PRIORIDADES

ABRIL 2026

D	L	M	M	J	V	S
			1	2	3	4
5	6	7	8	9	10	11
12	13	14	15	16	17	18
19	20	21	22	23	24	25
26	27	28	29	30		

- 7 am
- 8 am
- 9 am
- 10 am
- 11 am
- 12 am
- 1 pm
- 2 pm
- 3 pm
- 4 pm
- 5 pm
- 6 pm
- 7 pm
- 8 pm
- 9 pm

notas

«Lámpara es a mis pies tu palabra,
y lumbrera a mi camino».

SALMO 119:105, RVR60

2026 ABRIL

ABRIL 2026

D	L	M	M	J	V	S
			1	2	3	4
5	6	7	8	9	10	11
12	13	14	15	16	17	18
19	20	21	22	23	24	25
26	27	28	29	30		

viernes **24**

PRIORIDADES

7 am
8 am
9 am
10 am
11 am
12 am
1 pm
2 pm
3 pm
4 pm
5 pm
6 pm
7 pm
8 pm
9 pm

notas

«El entrenamiento físico es bueno, pero entrenarse en la sumisión a Dios es mucho mejor, porque promete beneficios en esta vida y en la vida que viene».

1 TIMOTEO 4:8, NTV

ABRIL 2026

25 sábado

PRIORIDADES

ABRIL 2026

D	L	M	M	J	V	S
			1	2	3	4
5	6	7	8	9	10	11
12	13	14	15	16	17	18
19	20	21	22	23	24	**25**
26	27	28	29	30		

7 am
8 am
9 am
10 am
11 am
12 am
1 pm
2 pm
3 pm
4 pm
5 pm
6 pm
7 pm
8 pm
9 pm

notas

«Porque el que se enaltece será humillado, y el que se humilla será enaltecido».

MATEO 23:12, RVR60

2026 ABRIL

ABRIL 2026

D	L	M	M	J	V	S
			1	2	3	4
5	6	7	8	9	10	11
12	13	14	15	16	17	18
19	20	21	22	23	24	25
26	27	28	29	30		

domingo **26**

PRIORIDADES

7 am
8 am
9 am
10 am
11 am
12 am
1 pm
2 pm
3 pm
4 pm
5 pm
6 pm
7 pm
8 pm
9 pm

notas

«Podrán desfallecer mi cuerpo y mi corazón, pero Dios es la roca de mi corazón; él es mi herencia eterna».

SALMO 73:26, NVI

ABRIL   2026

27 lunes

PRIORIDADES

ABRIL 2026

D	L	M	M	J	V	S
			1	2	3	4
5	6	7	8	9	10	11
12	13	14	15	16	17	18
19	20	21	22	23	24	25
26	27	28	29	30		

7 am

8 am

9 am

10 am

11 am

12 am

1 pm

2 pm

3 pm

4 pm

5 pm

6 pm

7 pm

8 pm

9 pm

notas

«Por tanto, mi servicio a Dios es para mí motivo de orgullo en Cristo Jesús».

ROMANOS 15:17, NVI

2026 **ABRIL**

ABRIL 2026

D	L	M	M	J	V	S
			1	2	3	4
5	6	7	8	9	10	11
12	13	14	15	16	17	18
19	20	21	22	23	24	25
26	27	28	29	30		

martes **28**

PRIORIDADES

7 am
8 am
9 am
10 am
11 am
12 am
1 pm
2 pm
3 pm
4 pm
5 pm
6 pm
7 pm
8 pm
9 pm

notas

«Porque por fe andamos, no por vista».

2 CORINTIOS 5:7, RVR60

ABRIL 2026

29 miércoles

PRIORIDADES

ABRIL 2026

D	L	M	M	J	V	S
			1	2	3	4
5	6	7	8	9	10	11
12	13	14	15	16	17	18
19	20	21	22	23	24	25
26	27	28	29	30		

7 am
8 am
9 am
10 am
11 am
12 am
1 pm
2 pm
3 pm
4 pm
5 pm
6 pm
7 pm
8 pm
9 pm

notas

«Envía paz por toda tu nación
y te sacia el hambre con el mejor trigo».

SALMO 147:14, NTV

2026 ABRIL

ABRIL 2026

D	L	M	M	J	V	S
			1	2	3	4
5	6	7	8	9	10	11
12	13	14	15	16	17	18
19	20	21	22	23	24	25
26	27	28	29	30		

jueves **30**

PRIORIDADES

7 am
8 am
9 am
10 am
11 am
12 am
1 pm
2 pm
3 pm
4 pm
5 pm
6 pm
7 pm
8 pm
9 pm

notas

«Crean que ya han recibido todo lo que estén pidiendo en oración y lo obtendrán».

MARCOS 11:24, NVI

notas

Mayo

«Todo lo puedo en Cristo que me fortalece».

FILIPENSES 4:13, RVR60

Mayo 2026

DOMINGO	LUNES	MARTES	MIÉRCOLES
3	4	5	6
10	11	12	13
17	18	19	20
24	25	26	27
31			

JUEVES	VIERNES	SÁBADO
	1	2
7	8	9
14	15	16
21	22	23
28	29	30

notas

ABRIL 2026

D	L	M	M	J	V	S
			1	2	3	4
5	6	7	8	9	10	11
12	13	14	15	16	17	18
19	20	21	22	23	24	25
26	27	28	29	30		

JUNIO 2026

D	L	M	M	J	V	S
	1	2	3	4	5	6
7	8	9	10	11	12	13
14	15	16	17	18	19	20
21	22	23	24	25	26	27
28	29	30				

Plan mensual

PRIORIDADES DEL MES

....
....
....
....
....
....
....
....
....

OBJETIVOS PERSONALES | OBJETIVOS GENERALES

OBJETIVOS PERSONALES	OBJETIVOS GENERALES
....	....
....	....
....	....
....	....
....	....
....	....
....	....

Presupuesto mensual

CUENTAS	FECHA	CANTIDAD	PAGO	BALANCE

«Más vale adquirir sabiduría que oro».
PROVERBIOS 16:16, LBLA

TOTAL

MAYO   2026

01 viernes

PRIORIDADES

MAYO 2026

D	L	M	M	J	V	S
					1	2
3	4	5	6	7	8	9
10	11	12	13	14	15	16
17	18	19	20	21	22	23
24	25	26	27	28	29	30
31						

7 am
8 am
9 am
10 am
11 am
12 am
1 pm
2 pm
3 pm
4 pm
5 pm
6 pm
7 pm
8 pm
9 pm

notas

«Así como el Padre me ha amado a mí, también yo los he amado a ustedes. Permanezcan en mi amor».

JUAN 15:9, NVI

2026 MAYO

MAYO 2026

D	L	M	M	J	V	S
					1	2
3	4	5	6	7	8	9
10	11	12	13	14	15	16
17	18	19	20	21	22	23
24	25	26	27	28	29	30
31

sábado **02**

PRIORIDADES

- 7 am
- 8 am
- 9 am
- 10 am
- 11 am
- 12 am
- 1 pm
- 2 pm
- 3 pm
- 4 pm
- 5 pm
- 6 pm
- 7 pm
- 8 pm
- 9 pm

notas

«Levanten el escudo de la fe para detener las flechas encendidas del diablo».

EFESIOS 6:16, NTV

MAYO 2026

03 domingo

PRIORIDADES

MAYO 2026

D	L	M	M	J	V	S
					1	2
3	4	5	6	7	8	9
10	11	12	13	14	15	16
17	18	19	20	21	22	23
24	25	26	27	28	29	30
31						

7 am
8 am
9 am
10 am
11 am
12 am
1 pm
2 pm
3 pm
4 pm
5 pm
6 pm
7 pm
8 pm
9 pm

notas

«Sean comprensivos con las faltas de los demás y perdonen a todo el que los ofenda. Recuerden que el Señor los perdonó a ustedes, así que ustedes deben perdonar a otros».

COLOSENSES 3:13, NTV

2026 MAYO

MAYO 2026

D	L	M	M	J	V	S
					1	2
3	4	5	6	7	8	9
10	11	12	13	14	15	16
17	18	19	20	21	22	23
24	25	26	27	28	29	30
31						

lunes **04**

PRIORIDADES

....
....
....
....

7 am
8 am
9 am
10 am
11 am
12 am
1 pm
2 pm
3 pm
4 pm
5 pm
6 pm
7 pm
8 pm
9 pm

notas

«La esperanza no avergüenza; porque el amor de Dios ha sido derramado en nuestros corazones por el Espíritu Santo que nos fue dado».

ROMANOS 5:5, RVR60

MAYO 2026

05 martes

PRIORIDADES

MAYO 2026

D	L	M	M	J	V	S
					1	2
3	4	5	6	7	8	9
10	11	12	13	14	15	16
17	18	19	20	21	22	23
24	25	26	27	28	29	30
31						

7 am
8 am
9 am
10 am
11 am
12 am
1 pm
2 pm
3 pm
4 pm
5 pm
6 pm
7 pm
8 pm
9 pm

notas

«No se amolden al mundo actual, sino sean transformados mediante la renovación de su mente. Así podrán comprobar cómo es la voluntad de Dios: buena, agradable y perfecta».

ROMANOS 12:2, NTV

2026 **MAYO**

miércoles **06**

MAYO 2026

D	L	M	M	J	V	S
					1	2
3	4	5	6	7	8	9
10	11	12	13	14	15	16
17	18	19	20	21	22	23
24	25	26	27	28	29	30
31						

PRIORIDADES

7 am
8 am
9 am
10 am
11 am
12 am
1 pm
2 pm
3 pm
4 pm
5 pm
6 pm
7 pm
8 pm
9 pm

notas

«Toda buena dádiva y toda perfecta bendición descienden de lo alto, donde está el Padre que creó las lumbreras celestes, y quien no cambia ni se mueve como las sombras».

SANTIAGO 1:17, NVI

MAYO 2026

07 jueves

PRIORIDADES

MAYO 2026

D	L	M	M	J	V	S
					1	2
3	4	5	6	7	8	9
10	11	12	13	14	15	16
17	18	19	20	21	22	23
24	25	26	27	28	29	30
31						

7 am
8 am
9 am
10 am
11 am
12 am
1 pm
2 pm
3 pm
4 pm
5 pm
6 pm
7 pm
8 pm
9 pm

notas

«Den y se les dará: se les echará en el regazo una medida llena, apretada, sacudida y desbordante. Porque con la medida con que midan a otros, se les medirá a ustedes».

LUCAS 6:38, NVI

2026 MAYO

viernes 08

MAYO 2026

D	L	M	M	J	V	S
					1	2
3	4	5	6	7	8	9
10	11	12	13	14	15	16
17	18	19	20	21	22	23
24	25	26	27	28	29	30
31						

PRIORIDADES

7 am
8 am
9 am
10 am
11 am
12 am
1 pm
2 pm
3 pm
4 pm
5 pm
6 pm
7 pm
8 pm
9 pm

notas

«Si se conducen según mis estatutos y obedecen fielmente mis mandamientos, yo enviaré lluvia a su tiempo, y la tierra y los árboles del campo darán sus frutos».

LEVÍTICO 26:3-4, NVI

MAYO 2026

09 sábado

PRIORIDADES

MAYO 2026

D	L	M	M	J	V	S
					1	2
3	4	5	6	7	8	9
10	11	12	13	14	15	16
17	18	19	20	21	22	23
24	25	26	27	28	29	30
31						

7 am
8 am
9 am
10 am
11 am
12 am
1 pm
2 pm
3 pm
4 pm
5 pm
6 pm
7 pm
8 pm
9 pm

notas

«Derramaré agua para calmar tu sed y para regar tus campos resecos; derramaré mi Espíritu sobre tus descendientes, y mi bendición sobre tus hijos».

ISAÍAS 44:3, NTV

2026 MAYO

MAYO 2026

D	L	M	M	J	V	S
					1	2
3	4	5	6	7	8	9
10	11	12	13	14	15	16
17	18	19	20	21	22	23
24	25	26	27	28	29	30
31						

domingo **10**

PRIORIDADES

7 am
8 am
9 am
10 am
11 am
12 am
1 pm
2 pm
3 pm
4 pm
5 pm
6 pm
7 pm
8 pm
9 pm

notas

«¿Qué, pues, diremos a esto?
Si Dios es por nosotros,
¿quién contra nosotros?».

ROMANOS 8:31, RVR60

MAYO 2026

11 lunes

PRIORIDADES

MAYO 2026

D	L	M	M	J	V	S
					1	2
3	4	5	6	7	8	9
10	11	12	13	14	15	16
17	18	19	20	21	22	23
24	25	26	27	28	29	30
31						

7 am
8 am
9 am
10 am
11 am
12 am
1 pm
2 pm
3 pm
4 pm
5 pm
6 pm
7 pm
8 pm
9 pm

notas

«Por la mañana hazme saber de tu gran amor, porque en ti he puesto mi confianza. Señálame el camino que debo seguir, porque a ti elevo mi alma».

SALMO 143:8, NVI

2026   **MAYO**

martes 12

MAYO 2026

D	L	M	M	J	V	S
					1	2
3	4	5	6	7	8	9
10	11	12	13	14	15	16
17	18	19	20	21	22	23
24	25	26	27	28	29	30
31						

PRIORIDADES

7 am
8 am
9 am
10 am
11 am
12 am
1 pm
2 pm
3 pm
4 pm
5 pm
6 pm
7 pm
8 pm
9 pm

notas

«Torre fuerte es el nombre del Señor; a ella corren los justos y se ponen a salvo».

PROVERBIOS 18:10, NVI

MAYO   2026

13 *miércoles*

PRIORIDADES

MAYO 2026

D	L	M	M	J	V	S
					1	2
3	4	5	6	7	8	9
10	11	12	13	14	15	16
17	18	19	20	21	22	23
24	25	26	27	28	29	30
31						

7 am
8 am
9 am
10 am
11 am
12 am
1 pm
2 pm
3 pm
4 pm
5 pm
6 pm
7 pm
8 pm
9 pm

notas

«El que va tras la justicia
y el amor halla vida, justicia
y honra».

PROVERBIOS 21:21, NVI

2026 — **MAYO**

jueves **14**

MAYO 2026

D	L	M	M	J	V	S
					1	2
3	4	5	6	7	8	9
10	11	12	13	14	15	16
17	18	19	20	21	22	23
24	25	26	27	28	29	30
31						

PRIORIDADES

7 am
8 am
9 am
10 am
11 am
12 am
1 pm
2 pm
3 pm
4 pm
5 pm
6 pm
7 pm
8 pm
9 pm

notas

«Así que yo digo: Pidan y se les dará; busquen y encontrarán; llamen y se les abrirá. Porque todo el que pide, recibe; el que busca, encuentra y al que llama, se le abre».

LUCAS 11:9-10, NVI

MAYO 2026

15 viernes

PRIORIDADES

MAYO 2026

D	L	M	M	J	V	S
					1	2
3	4	5	6	7	8	9
10	11	12	13	14	15	16
17	18	19	20	21	22	23
24	25	26	27	28	29	30
31						

7 am
8 am
9 am
10 am
11 am
12 am
1 pm
2 pm
3 pm
4 pm
5 pm
6 pm
7 pm
8 pm
9 pm

notas

«Convertiste mi lamento en danza;
me quitaste la ropa de luto
y me vestiste de alegría».

SALMO 30:11, NVI

2026 **MAYO**

sábado **16**

MAYO 2026

D	L	M	M	J	V	S
					1	2
3	4	5	6	7	8	9
10	11	12	13	14	15	16
17	18	19	20	21	22	23
24	25	26	27	28	29	30
31						

PRIORIDADES

7 am
8 am
9 am
10 am
11 am
12 am
1 pm
2 pm
3 pm
4 pm
5 pm
6 pm
7 pm
8 pm
9 pm

notas

«Pero la verdadera sabiduría y el poder se encuentran en Dios; el consejo y el entendimiento le pertenecen».

JOB 12:13, NTV

MAYO 2026

17 domingo

PRIORIDADES

MAYO 2026

D	L	M	M	J	V	S
					1	2
3	4	5	6	7	8	9
10	11	12	13	14	15	16
17	18	19	20	21	22	23
24	25	26	27	28	29	30
31						

7 am
8 am
9 am
10 am
11 am
12 am
1 pm
2 pm
3 pm
4 pm
5 pm
6 pm
7 pm
8 pm
9 pm

notas

«Cada uno ponga al servicio de los demás el don que haya recibido, administrando bien la gracia de Dios en sus diversas formas».

1 PEDRO 4:10, NVI

2026 MAYO

lunes 18

MAYO 2026

D	L	M	M	J	V	S
					1	2
3	4	5	6	7	8	9
10	11	12	13	14	15	16
17	18	19	20	21	22	23
24	25	26	27	28	29	30
31						

PRIORIDADES

7 am
8 am
9 am
10 am
11 am
12 am
1 pm
2 pm
3 pm
4 pm
5 pm
6 pm
7 pm
8 pm
9 pm

notas

«¡Bendito sea Dios, Padre de nuestro Señor Jesucristo! Por su gran misericordia, nos ha hecho nacer de nuevo mediante la resurrección de Jesucristo de entre los muertos, para que tengamos una esperanza viva».

1 PEDRO 1:3, NVI

MAYO 2026

19 martes

PRIORIDADES

MAYO 2026

D	L	M	M	J	V	S
					1	2
3	4	5	6	7	8	9
10	11	12	13	14	15	16
17	18	19	20	21	22	23
24	25	26	27	28	29	30
31						

7 am
8 am
9 am
10 am
11 am
12 am
1 pm
2 pm
3 pm
4 pm
5 pm
6 pm
7 pm
8 pm
9 pm

notas

«El entendido en la palabra hallará el bien, y el que confía en Jehová es bienaventurado».

PROVERBIOS 16:20, RVR60

2026 MAYO

miércoles **20**

MAYO 2026

D	L	M	M	J	V	S
					1	2
3	4	5	6	7	8	9
10	11	12	13	14	15	16
17	18	19	20	21	22	23
24	25	26	27	28	29	30
31						

PRIORIDADES

7 am
8 am
9 am
10 am
11 am
12 am
1 pm
2 pm
3 pm
4 pm
5 pm
6 pm
7 pm
8 pm
9 pm

notas

«No nos cansemos, pues, de hacer bien; porque a su tiempo segaremos, si no desmayamos».

GÁLATAS 6:9, RVR60

MAYO 2026

21 jueves

PRIORIDADES

MAYO 2026

D	L	M	M	J	V	S
					1	2
3	4	5	6	7	8	9
10	11	12	13	14	15	16
17	18	19	20	21	22	23
24	25	26	27	28	29	30
31						

7 am
8 am
9 am
10 am
11 am
12 am
1 pm
2 pm
3 pm
4 pm
5 pm
6 pm
7 pm
8 pm
9 pm

notas

«El camino de Dios es perfecto; la palabra del Señor es intachable. Escudo es Dios a los que se refugian en él».

SALMO 18:30, NVI

2026 — **MAYO**

MAYO 2026

D	L	M	M	J	V	S
					1	2
3	4	5	6	7	8	9
10	11	12	13	14	15	16
17	18	19	20	21	22	23
24	25	26	27	28	29	30
31						

viernes **22**

PRIORIDADES

7 am
8 am
9 am
10 am
11 am
12 am
1 pm
2 pm
3 pm
4 pm
5 pm
6 pm
7 pm
8 pm
9 pm

notas

«Quédense quietos, reconozcan que yo soy Dios. ¡Seré exaltado entre las naciones! ¡Seré enaltecido en la tierra!».

SALMO 46:10, NVI

MAYO 2026

23 sábado

PRIORIDADES

MAYO 2026

D	L	M	M	J	V	S
					1	2
3	4	5	6	7	8	9
10	11	12	13	14	15	16
17	18	19	20	21	22	23
24	25	26	27	28	29	30
31						

7 am
8 am
9 am
10 am
11 am
12 am
1 pm
2 pm
3 pm
4 pm
5 pm
6 pm
7 pm
8 pm
9 pm

notas

«Porque nada hay imposible para Dios».

LUCAS 1:37, RVR60

2026   **MAYO**

domingo **24**

PRIORIDADES

MAYO 2026

D	L	M	M	J	V	S
					1	2
3	4	5	6	7	8	9
10	11	12	13	14	15	16
17	18	19	20	21	22	23
24	25	26	27	28	29	30
31						

7 am
8 am
9 am
10 am
11 am
12 am
1 pm
2 pm
3 pm
4 pm
5 pm
6 pm
7 pm
8 pm
9 pm

notas

«Busquen el reino de Dios por encima de todo lo demás y lleven una vida justa, y él les dará todo lo que necesiten».

MATEO 6:33, NTV

MAYO   2026

25 lunes

PRIORIDADES

MAYO 2026

D	L	M	M	J	V	S
					1	2
3	4	5	6	7	8	9
10	11	12	13	14	15	16
17	18	19	20	21	22	23
24	25	26	27	28	29	30
31						

7 am
8 am
9 am
10 am
11 am
12 am
1 pm
2 pm
3 pm
4 pm
5 pm
6 pm
7 pm
8 pm
9 pm

notas

«Por tanto, reconoce que el Señor tu Dios es el único Dios, el Dios fiel, que cumple su pacto por mil generaciones y muestra su fiel amor a quienes lo aman y obedecen sus mandamientos».

DEUTERONOMIO 7:9, NVI

2026 MAYO

martes 26

MAYO 2026

D	L	M	M	J	V	S
					1	2
3	4	5	6	7	8	9
10	11	12	13	14	15	16
17	18	19	20	21	22	23
24	25	26	27	28	29	30
31						

PRIORIDADES

7 am
8 am
9 am
10 am
11 am
12 am
1 pm
2 pm
3 pm
4 pm
5 pm
6 pm
7 pm
8 pm
9 pm

notas

«Tan compasivo es el Señor con los que le temen como lo es un padre con sus hijos».

SALMO 103:13, NVI

MAYO   2026

27 miércoles

PRIORIDADES

MAYO 2026

D	L	M	M	J	V	S
					1	2
3	4	5	6	7	8	9
10	11	12	13	14	15	16
17	18	19	20	21	22	23
24	25	26	27	28	29	30
31						

7 am
8 am
9 am
10 am
11 am
12 am
1 pm
2 pm
3 pm
4 pm
5 pm
6 pm
7 pm
8 pm
9 pm

notas

«Porque el Señor da la sabiduría; conocimiento e inteligencia brotan de sus labios».

PROVERBIOS 2:6, NVI

2026 **MAYO**

jueves **28**

MAYO 2026

D	L	M	M	J	V	S
					1	2
3	4	5	6	7	8	9
10	11	12	13	14	15	16
17	18	19	20	21	22	23
24	25	26	27	28	29	30
31						

PRIORIDADES

7 am
8 am
9 am
10 am
11 am
12 am
1 pm
2 pm
3 pm
4 pm
5 pm
6 pm
7 pm
8 pm
9 pm

notas

«Las cosas que se escribieron antes, para nuestra enseñanza se escribieron, a fin de que por la paciencia y la consolación de las Escrituras, tengamos esperanza».

ROMANOS 15:4, RVR60

MAYO 2026

29 viernes

PRIORIDADES

MAYO 2026

D	L	M	M	J	V	S
					1	2
3	4	5	6	7	8	9
10	11	12	13	14	15	16
17	18	19	20	21	22	23
24	25	26	27	28	29	30
31						

- 7 am
- 8 am
- 9 am
- 10 am
- 11 am
- 12 am
- 1 pm
- 2 pm
- 3 pm
- 4 pm
- 5 pm
- 6 pm
- 7 pm
- 8 pm
- 9 pm

notas

«En Cristo también fuimos hechos herederos, pues fuimos predestinados según el plan de aquel que hace todas las cosas conforme al designio de su voluntad».

EFESIOS 1:11, NVI

2026 MAYO

MAYO 2026

D	L	M	M	J	V	S
					1	2
3	4	5	6	7	8	9
10	11	12	13	14	15	16
17	18	19	20	21	22	23
24	25	26	27	28	29	30
31						

sábado **30**

PRIORIDADES

7 am
8 am
9 am
10 am
11 am
12 am
1 pm
2 pm
3 pm
4 pm
5 pm
6 pm
7 pm
8 pm
9 pm

notas

«Dios es tan rico en gracia y bondad que compró nuestra libertad con la sangre de su Hijo y perdonó nuestros pecados».

EFESIOS 1:7, NTV

MAYO   2026

31 domingo

PRIORIDADES

MAYO 2026

D	L	M	M	J	V	S
					1	2
3	4	5	6	7	8	9
10	11	12	13	14	15	16
17	18	19	20	21	22	23
24	25	26	27	28	29	30
31						

7 am
8 am
9 am
10 am
11 am
12 am
1 pm
2 pm
3 pm
4 pm
5 pm
6 pm
7 pm
8 pm
9 pm

notas

«Joven fui, y he envejecido, y no he visto justo desamparado, ni su descendencia que mendigue pan».

SALMO 37:25, RVR60

Junio

«Así que humíllense delante de Dios.
Resistan al diablo, y él huirá de ustedes».

SANTIAGO 4:7, NTV

Junio 2026

DOMINGO	LUNES	MARTES	MIÉRCOLES
	1	2	3
7	8	9	10
14	15	16	17
21	22	23	24
28	29	30	

JUEVES	VIERNES	SÁBADO	notas
4	5	6	
11	12	13	
18	19	20	
25	26	27	

MAYO 2026

D	L	M	M	J	V	S
					1	2
3	4	5	6	7	8	9
10	11	12	13	14	15	16
17	18	19	20	21	22	23
24	25	26	27	28	29	30
31						

JULIO 2026

D	L	M	M	J	V	S
			1	2	3	4
5	6	7	8	9	10	11
12	13	14	15	16	17	18
19	20	21	22	23	24	25
26	27	28	29	30	31	

Plan mensual

PRIORIDADES DEL MES

....
....
....
....
....
....
....
....

OBJETIVOS PERSONALES · OBJETIVOS GENERALES

Presupuesto mensual

CUENTAS	FECHA	CANTIDAD	PAGO	BALANCE

«No te afanes acumulando riquezas».
PROVERBIOS 23:4, NVI

TOTAL

JUNIO   2026

01 *lunes*

PRIORIDADES

JUNIO 2026

D	L	M	M	J	V	S
	1	2	3	4	5	6
7	8	9	10	11	12	13
14	15	16	17	18	19	20
21	22	23	24	25	26	27
28	29	30				

7 am
8 am
9 am
10 am
11 am
12 am
1 pm
2 pm
3 pm
4 pm
5 pm
6 pm
7 pm
8 pm
9 pm

notas

«Él apaga la sed del sediento
y sacia con lo mejor al hambriento».

SALMO 107:9, NVI

2026 JUNIO

JUNIO 2026

D	L	M	M	J	V	S
	1	2	3	4	5	6
7	8	9	10	11	12	13
14	15	16	17	18	19	20
21	22	23	24	25	26	27
28	29	30				

martes **02**

PRIORIDADES

....

....

....

7 am
8 am
9 am
10 am
11 am
12 am
1 pm
2 pm
3 pm
4 pm
5 pm
6 pm
7 pm
8 pm
9 pm

notas

«Lo que es imposible para los hombres,
es posible para Dios».

LUCAS 18:27, RVR60

JUNIO   2026

03 miércoles

PRIORIDADES

JUNIO 2026

D	L	M	M	J	V	S
		1	2	3	4	5	6
7	8	9	10	11	12	13
14	15	16	17	18	19	20
21	22	23	24	25	26	27
28	29	30				

7 am
8 am
9 am
10 am
11 am
12 am
1 pm
2 pm
3 pm
4 pm
5 pm
6 pm
7 pm
8 pm
9 pm

notas

«Entrégale tus cargas al Señor,
y él cuidará de ti; no permitirá
que los justos tropiecen y caigan».

SALMO 55:22, NTV

2026 JUNIO

JUNIO 2026

D	L	M	M	J	V	S
	1	2	3	4	5	6
7	8	9	10	11	12	13
14	15	16	17	18	19	20
21	22	23	24	25	26	27
28	29	30				

jueves **04**

PRIORIDADES

7 am
8 am
9 am
10 am
11 am
12 am
1 pm
2 pm
3 pm
4 pm
5 pm
6 pm
7 pm
8 pm
9 pm

notas

«El ángel de Jehová acampa alrededor de los que le temen, y los defiende».

SALMO 34:7, RVR60

JUNIO   **2026**

05 viernes

PRIORIDADES

JUNIO 2026

D	L	M	M	J	V	S
	1	2	3	4	5	6
7	8	9	10	11	12	13
14	15	16	17	18	19	20
21	22	23	24	25	26	27
28	29	30				

7 am
8 am
9 am
10 am
11 am
12 am
1 pm
2 pm
3 pm
4 pm
5 pm
6 pm
7 pm
8 pm
9 pm

notas

«¿Quiénes son los que temen al Señor?
Él les mostrará el sendero
que deben elegir».

SALMO 25:12, NTV

2026 JUNIO

JUNIO 2026

D	L	M	M	J	V	S
	1	2	3	4	5	6
7	8	9	10	11	12	13
14	15	16	17	18	19	20
21	22	23	24	25	26	27
28	29	30				

sábado **06**

PRIORIDADES

7 am
8 am
9 am
10 am
11 am
12 am
1 pm
2 pm
3 pm
4 pm
5 pm
6 pm
7 pm
8 pm
9 pm

notas

«No se preocupen por nada; en cambio, oren por todo. Díganle a Dios lo que necesitan y denle gracias por todo lo que él ha hecho».

FILIPENSES 4:6, NTV

JUNIO 2026

07 domingo

PRIORIDADES

JUNIO 2026

D	L	M	M	J	V	S
	1	2	3	4	5	6
7	8	9	10	11	12	13
14	15	16	17	18	19	20
21	22	23	24	25	26	27
28	29	30				

7 am
8 am
9 am
10 am
11 am
12 am
1 pm
2 pm
3 pm
4 pm
5 pm
6 pm
7 pm
8 pm
9 pm

notas

«Si me buscan de todo corazón, podrán encontrarme».

JEREMÍAS 29:13, NTV

2026 JUNIO

JUNIO 2026

D	L	M	M	J	V	S
	1	2	3	4	5	6
7	8	9	10	11	12	13
14	15	16	17	18	19	20
21	22	23	24	25	26	27
28	29	30				

lunes **08**

PRIORIDADES

7 am
8 am
9 am
10 am
11 am
12 am
1 pm
2 pm
3 pm
4 pm
5 pm
6 pm
7 pm
8 pm
9 pm

notas

«No prevalecerá ninguna arma que se forje contra ti; toda lengua que te acuse tú la refutarás. Esta es la herencia de los siervos del Señor».

ISAÍAS 54:17, NVI

JUNIO 2026

09 martes

PRIORIDADES

JUNIO 2026

D	L	M	M	J	V	S
	1	2	3	4	5	6
7	8	9	10	11	12	13
14	15	16	17	18	19	20
21	22	23	24	25	26	27
28	29	30				

7 am
8 am
9 am
10 am
11 am
12 am
1 pm
2 pm
3 pm
4 pm
5 pm
6 pm
7 pm
8 pm
9 pm

notas

«Me ha dicho: Bástate mi gracia; porque mi poder se perfecciona en la debilidad. Por tanto, de buena gana me gloriaré más bien en mis debilidades, para que repose sobre mí el poder de Cristo».

2 CORINTIOS 12:9, RVR60

2026 JUNIO

JUNIO 2026

D	L	M	M	J	V	S
	1	2	3	4	5	6
7	8	9	10	11	12	13
14	15	16	17	18	19	20
21	22	23	24	25	26	27
28	29	30				

miércoles **10**

PRIORIDADES

7 am
8 am
9 am
10 am
11 am
12 am
1 pm
2 pm
3 pm
4 pm
5 pm
6 pm
7 pm
8 pm
9 pm

notas

«Porque ciertamente hay fin,
y tu esperanza no será cortada».

PROVERBIOS 23:18, RVR60

JUNIO 2026

11 jueves

PRIORIDADES

JUNIO 2026

D	L	M	M	J	V	S
	1	2	3	4	5	6
7	8	9	10	11	12	13
14	15	16	17	18	19	20
21	22	23	24	25	26	27
28	29	30				

7 am
8 am
9 am
10 am
11 am
12 am
1 pm
2 pm
3 pm
4 pm
5 pm
6 pm
7 pm
8 pm
9 pm

notas

«Por lo tanto, mis queridos hermanos, manténganse firmes e inconmovibles, progresando siempre en la obra del Señor, conscientes de que su trabajo en el Señor no es en vano».

1 CORINTIOS 15:58, NVI

2026 JUNIO

JUNIO 2026

D	L	M	M	J	V	S
	1	2	3	4	5	6
7	8	9	10	11	12	13
14	15	16	17	18	19	20
21	22	23	24	25	26	27
28	29	30				

viernes **12**

PRIORIDADES

....
....
....
....

7 am
8 am
9 am
10 am
11 am
12 am
1 pm
2 pm
3 pm
4 pm
5 pm
6 pm
7 pm
8 pm
9 pm

notas

«Los que confían en Jehová son como el monte de Sion, que no se mueve, sino que permanece para siempre».

SALMO 125:1, RVR60

JUNIO 2026

13 sábado

PRIORIDADES

JUNIO 2026

D	L	M	M	J	V	S
	1	2	3	4	5	6
7	8	9	10	11	12	13
14	15	16	17	18	19	20
21	22	23	24	25	26	27
28	29	30				

7 am
8 am
9 am
10 am
11 am
12 am
1 pm
2 pm
3 pm
4 pm
5 pm
6 pm
7 pm
8 pm
9 pm

notas

«Bendito sea el Dios y Padre de nuestro Señor Jesucristo, Padre de misericordias y Dios de toda consolación».

2 CORINTIOS 1:3, RVR60

2026   **JUNIO**

domingo **14**

JUNIO 2026

D	L	M	M	J	V	S
	1	2	3	4	5	6
7	8	9	10	11	12	13
14	15	16	17	18	19	20
21	22	23	24	25	26	27
28	29	30				

PRIORIDADES

....

....

....

7 am
8 am
9 am
10 am
11 am
12 am
1 pm
2 pm
3 pm
4 pm
5 pm
6 pm
7 pm
8 pm
9 pm

notas

«Dios los salvó por su gracia cuando creyeron.
Ustedes no tienen ningún mérito en eso;
es un regalo de Dios».

EFESIOS 2:8, NTV

JUNIO 2026

15 lunes

PRIORIDADES

JUNIO 2026

D	L	M	M	J	V	S
	1	2	3	4	5	6
7	8	9	10	11	12	13
14	15	16	17	18	19	20
21	22	23	24	25	26	27
28	29	30				

7 am
8 am
9 am
10 am
11 am
12 am
1 pm
2 pm
3 pm
4 pm
5 pm
6 pm
7 pm
8 pm
9 pm

notas

«Temer a los hombres resulta una trampa, pero el que confía en el Señor sale bien librado».

PROVERBIOS 29:25, NVI

2026   JUNIO

JUNIO 2026

D	L	M	M	J	V	S
	1	2	3	4	5	6
7	8	9	10	11	12	13
14	15	16	17	18	19	20
21	22	23	24	25	26	27
28	29	30				

martes **16**

PRIORIDADES

7 am
8 am
9 am
10 am
11 am
12 am
1 pm
2 pm
3 pm
4 pm
5 pm
6 pm
7 pm
8 pm
9 pm

notas

«Les aseguro que si tienen fe y no dudan [..], no solo harán lo que he hecho con la higuera, sino que podrán decir a este monte: "Quítate de ahí y tírate al mar", y así se hará».

MATEO 21:21, NVI

JUNIO 2026

17 miércoles

PRIORIDADES

JUNIO 2026

D	L	M	M	J	V	S
	1	2	3	4	5	6
7	8	9	10	11	12	13
14	15	16	17	18	19	20
21	22	23	24	25	26	27
28	29	30				

7 am
8 am
9 am
10 am
11 am
12 am
1 pm
2 pm
3 pm
4 pm
5 pm
6 pm
7 pm
8 pm
9 pm

notas

«Sean compasivos, así como su Padre es compasivo».

LUCAS 6:36, NVI

2026 JUNIO

jueves **18**

JUNIO 2026

D	L	M	M	J	V	S
	1	2	3	4	5	6
7	8	9	10	11	12	13
14	15	16	17	18	19	20
21	22	23	24	25	26	27
28	29	30				

PRIORIDADES

7 am
8 am
9 am
10 am
11 am
12 am
1 pm
2 pm
3 pm
4 pm
5 pm
6 pm
7 pm
8 pm
9 pm

notas

«Manténganse alerta; permanezcan firmes en la fe; sean valientes y fuertes».

1 CORINTIOS 16:13, NVI

JUNIO 2026

19 viernes

PRIORIDADES

JUNIO 2026

D	L	M	M	J	V	S
	1	2	3	4	5	6
7	8	9	10	11	12	13
14	15	16	17	18	19	20
21	22	23	24	25	26	27
28	29	30				

7 am
8 am
9 am
10 am
11 am
12 am
1 pm
2 pm
3 pm
4 pm
5 pm
6 pm
7 pm
8 pm
9 pm

notas

«Alabad a Jehová, porque él es bueno, porque para siempre es su misericordia».

SALMO 136:1, RVR60

2026 JUNIO

JUNIO 2026

D	L	M	M	J	V	S
	1	2	3	4	5	6
7	8	9	10	11	12	13
14	15	16	17	18	19	20
21	22	23	24	25	26	27
28	29	30				

sábado **20**

PRIORIDADES

7 am
8 am
9 am
10 am
11 am
12 am
1 pm
2 pm
3 pm
4 pm
5 pm
6 pm
7 pm
8 pm
9 pm

notas

«Yo estoy contigo. Te protegeré por dondequiera que vayas y te traeré de vuelta a esta tierra. No te abandonaré hasta cumplir con todo lo que te he prometido».

GÉNESIS 28:15, NVI

JUNIO 2026

21 domingo

PRIORIDADES

....
....
....
....

JUNIO 2026

D	L	M	M	J	V	S
	1	2	3	4	5	6
7	8	9	10	11	12	13
14	15	16	17	18	19	20
21	22	23	24	25	26	27
28	29	30				

7 am
8 am
9 am
10 am
11 am
12 am
1 pm
2 pm
3 pm
4 pm
5 pm
6 pm
7 pm
8 pm
9 pm

notas

«El fruto del justo es árbol de vida; y el que gana almas es sabio».

PROVERBIOS 11:30, RVR60

2026 JUNIO

JUNIO 2026

D	L	M	M	J	V	S
	1	2	3	4	5	6
7	8	9	10	11	12	13
14	15	16	17	18	19	20
21	22	23	24	25	26	27
28	29	30				

lunes 22

PRIORIDADES

7 am
8 am
9 am
10 am
11 am
12 am
1 pm
2 pm
3 pm
4 pm
5 pm
6 pm
7 pm
8 pm
9 pm

notas

«¡Cuán preciosa, oh Dios, es tu misericordia! Por eso los hijos de los hombres se amparan bajo la sombra de tus alas».

SALMO 36:7, RVR60

JUNIO 2026

23 martes

PRIORIDADES

JUNIO 2026

D	L	M	M	J	V	S
	1	2	3	4	5	6
7	8	9	10	11	12	13
14	15	16	17	18	19	20
21	22	23	24	25	26	27
28	29	30				

7 am
8 am
9 am
10 am
11 am
12 am
1 pm
2 pm
3 pm
4 pm
5 pm
6 pm
7 pm
8 pm
9 pm

notas

«Guárdame, oh Dios, porque en ti he confiado».

SALMO 16:1, RVR60

2026 JUNIO

miércoles **24**

JUNIO 2026

D	L	M	M	J	V	S
	1	2	3	4	5	6
7	8	9	10	11	12	13
14	15	16	17	18	19	20
21	22	23	24	25	26	27
28	29	30				

PRIORIDADES

7 am
8 am
9 am
10 am
11 am
12 am
1 pm
2 pm
3 pm
4 pm
5 pm
6 pm
7 pm
8 pm
9 pm

notas

«Mantengamos firme la esperanza que profesamos, porque fiel es el que hizo la promesa».

HEBREOS 10:23, NVI

JUNIO 2026

25 jueves

PRIORIDADES

JUNIO 2026

D	L	M	M	J	V	S
	1	2	3	4	5	6
7	8	9	10	11	12	13
14	15	16	17	18	19	20
21	22	23	24	25	26	27
28	29	30				

- 7 am
- 8 am
- 9 am
- 10 am
- 11 am
- 12 am
- 1 pm
- 2 pm
- 3 pm
- 4 pm
- 5 pm
- 6 pm
- 7 pm
- 8 pm
- 9 pm

notas

«En esto conocemos lo que es el amor: en que Jesucristo entregó su vida por nosotros».

1 JUAN 3:16, NVI

2026 JUNIO

JUNIO 2026

D	L	M	M	J	V	S
	1	2	3	4	5	6
7	8	9	10	11	12	13
14	15	16	17	18	19	20
21	22	23	24	25	26	27
28	29	30				

viernes **26**

PRIORIDADES

7 am
8 am
9 am
10 am
11 am
12 am
1 pm
2 pm
3 pm
4 pm
5 pm
6 pm
7 pm
8 pm
9 pm

notas

«Manténganse libres del amor al dinero y conténtense con lo que tienen, porque Dios ha dicho: "Nunca los dejaré; jamás los abandonaré"».

HEBREOS 13:5, NVI

JUNIO 2026

27 sábado

PRIORIDADES

JUNIO 2026

D	L	M	M	J	V	S
	1	2	3	4	5	6
7	8	9	10	11	12	13
14	15	16	17	18	19	20
21	22	23	24	25	26	27
28	29	30				

- 7 am
- 8 am
- 9 am
- 10 am
- 11 am
- 12 am
- 1 pm
- 2 pm
- 3 pm
- 4 pm
- 5 pm
- 6 pm
- 7 pm
- 8 pm
- 9 pm

notas

«Jesús le dijo: Si puedes creer, al que cree todo le es posible».

MARCOS 9:23, RVR60

2026　　　　　　　　　　　　　　　JUNIO

JUNIO 2026

D	L	M	M	J	V	S
		1	2	3	4	5	6
7	8	9	10	11	12	13
14	15	16	17	18	19	20
21	22	23	24	25	26	27
28	29	30				

domingo **28**

PRIORIDADES

7 am
8 am
9 am
10 am
11 am
12 am
1 pm
2 pm
3 pm
4 pm
5 pm
6 pm
7 pm
8 pm
9 pm

notas

«Por eso me regocijo en debilidades, insultos, privaciones, persecuciones y dificultades que sufro por Cristo; porque, cuando soy débil, entonces soy fuerte».

2 CORINTIOS 12:10, NVI

JUNIO 2026

29 lunes

PRIORIDADES

JUNIO 2026

D	L	M	M	J	V	S
	1	2	3	4	5	6
7	8	9	10	11	12	13
14	15	16	17	18	19	20
21	22	23	24	25	26	27
28	29	30				

7 am
8 am
9 am
10 am
11 am
12 am
1 pm
2 pm
3 pm
4 pm
5 pm
6 pm
7 pm
8 pm
9 pm

notas

«Pero que pida con fe, sin dudar, porque quien duda es como las olas del mar, agitadas y llevadas de un lado a otro por el viento».

SANTIAGO 1:6, NVI

2026   **JUNIO**

martes
30

JUNIO 2026

D	L	M	M	J	V	S
	1	2	3	4	5	6
7	8	9	10	11	12	13
14	15	16	17	18	19	20
21	22	23	24	25	26	27
28	29	30				

PRIORIDADES

7 am
8 am
9 am
10 am
11 am
12 am
1 pm
2 pm
3 pm
4 pm
5 pm
6 pm
7 pm
8 pm
9 pm

notas

«La paz les dejo; mi paz les doy. Yo no se la doy a ustedes como la da el mundo. No se angustien ni se acobarden».

JUAN 14:27, NVI

notas

Julio

«Jehová es mi pastor; nada me faltará».

SALMO 23:1, RVR60

Julio 2026

DOMINGO	LUNES	MARTES	MIÉRCOLES
			1
5	6	7	8
12	13	14	15
19	20	21	22
26	27	28	29

JUEVES	VIERNES	SÁBADO	notas
2	3	4	
9	10	11	
16	17	18	
23	24	25	
30	31		

JUNIO 2026

D	L	M	M	J	V	S
	1	2	3	4	5	6
7	8	9	10	11	12	13
14	15	16	17	18	19	20
21	22	23	24	25	26	27
28	29	30				

AGOSTO 2026

D	L	M	M	J	V	S
						1
2	3	4	5	6	7	8
9	10	11	12	13	14	15
16	17	18	19	20	21	22
23	24	25	26	27	28	29
30	31					

Plan mensual

PRIORIDADES DEL MES

....
....
....
....
....
....
....
....
....

OBJETIVOS PERSONALES	OBJETIVOS GENERALES
....	....
....	....
....	....
....	....
....	....
....	....
....	....

Presupuesto mensual

CUENTAS	FECHA	CANTIDAD	PAGO	BALANCE

«Mi Dios les proveerá de todo lo que necesiten».
PROVERBIOS 3:9, LBLA

TOTAL

JULIO 2026

01 miércoles

PRIORIDADES

JULIO 2026

D	L	M	M	J	V	S
			1	2	3	4
5	6	7	8	9	10	11
12	13	14	15	16	17	18
19	20	21	22	23	24	25
26	27	28	29	30	31	

7 am

8 am

9 am

10 am

11 am

12 am

1 pm

2 pm

3 pm

4 pm

5 pm

6 pm

7 pm

8 pm

9 pm

notas

«Dios no es un hombre; por lo tanto, no miente. Él no es humano; por lo tanto, no cambia de parecer. ¿Acaso alguna vez habló sin actuar? ¿Alguna vez prometió sin cumplir?».

NÚMEROS 23:19, NTV

2026 JULIO

JULIO 2026

D	L	M	M	J	V	S
			1	2	3	4
5	6	7	8	9	10	11
12	13	14	15	16	17	18
19	20	21	22	23	24	25
26	27	28	29	30	31	

jueves **02**

PRIORIDADES

7 am
8 am
9 am
10 am
11 am
12 am
1 pm
2 pm
3 pm
4 pm
5 pm
6 pm
7 pm
8 pm
9 pm

notas

«Les hablo así, hermanos, porque ustedes han sido llamados a ser libres; pero no se valgan de esa libertad para dar rienda suelta a sus pasiones. Más bien sírvanse unos a otros con amor».

GÁLATAS 5:13, NVI

JULIO 2026

03 viernes

PRIORIDADES

JULIO 2026

D	L	M	M	J	V	S
			1	2	3	4
5	6	7	8	9	10	11
12	13	14	15	16	17	18
19	20	21	22	23	24	25
26	27	28	29	30	31	

7 am

8 am

9 am

10 am

11 am

12 am

1 pm

2 pm

3 pm

4 pm

5 pm

6 pm

7 pm

8 pm

9 pm

notas

«Tú eres mi refugio; tú me protegerás del peligro y me rodearás con cánticos de liberación».

SALMO 32:7, NVI

2026 JULIO

JULIO 2026

D	L	M	M	J	V	S
			1	2	3	4
5	6	7	8	9	10	11
12	13	14	15	16	17	18
19	20	21	22	23	24	25
26	27	28	29	30	31	

sábado **04**

PRIORIDADES

7 am
8 am
9 am
10 am
11 am
12 am
1 pm
2 pm
3 pm
4 pm
5 pm
6 pm
7 pm
8 pm
9 pm

notas

«Ninguna condenación hay para los que están en Cristo Jesús, los que no andan conforme a la carne, sino conforme al Espíritu».

ROMANOS 8:1, RVR60

JULIO 2026

05 domingo

PRIORIDADES

JULIO 2026

D	L	M	M	J	V	S
			1	2	3	4
5	6	7	8	9	10	11
12	13	14	15	16	17	18
19	20	21	22	23	24	25
26	27	28	29	30	31	

- 7 am
- 8 am
- 9 am
- 10 am
- 11 am
- 12 am
- 1 pm
- 2 pm
- 3 pm
- 4 pm
- 5 pm
- 6 pm
- 7 pm
- 8 pm
- 9 pm

notas

«El Señor afirma los pasos del hombre cuando le agrada su modo de vivir».

SALMO 37:23, NVI

2026 JULIO

JULIO 2026

D	L	M	M	J	V	S
			1	2	3	4
5	6	7	8	9	10	11
12	13	14	15	16	17	18
19	20	21	22	23	24	25
26	27	28	29	30	31	

lunes **06**

PRIORIDADES

7 am
8 am
9 am
10 am
11 am
12 am
1 pm
2 pm
3 pm
4 pm
5 pm
6 pm
7 pm
8 pm
9 pm

notas

«¡Cuán grande es tu bondad! La reservas para los que te temen, y a la vista de la gente la derramas sobre los que en ti se refugian».

SALMO 31:19, NVI

JULIO 2026

07 martes

PRIORIDADES

JULIO 2026

D	L	M	M	J	V	S
			1	2	3	4
5	6	7	8	9	10	11
12	13	14	15	16	17	18
19	20	21	22	23	24	25
26	27	28	29	30	31	

7 am
8 am
9 am
10 am
11 am
12 am
1 pm
2 pm
3 pm
4 pm
5 pm
6 pm
7 pm
8 pm
9 pm

notas

«Practicar la justicia y el derecho lo prefiere el Señor a los sacrificios».

PROVERBIOS 21:3, NVI

2026 JULIO

miércoles **08**

JULIO 2026

D	L	M	M	J	V	S
			1	2	3	4
5	6	7	8	9	10	11
12	13	14	15	16	17	18
19	20	21	22	23	24	25
26	27	28	29	30	31	

PRIORIDADES

7 am
8 am
9 am
10 am
11 am
12 am
1 pm
2 pm
3 pm
4 pm
5 pm
6 pm
7 pm
8 pm
9 pm

notas

«Esta es la confianza que delante de Dios tenemos por medio de Cristo. No es que nos consideremos competentes en nosotros mismos. Nuestra capacidad viene de Dios».

2 CORINTIOS 3:4-5, NVI

JULIO 2026

09 jueves

PRIORIDADES

JULIO 2026

D	L	M	M	J	V	S
			1	2	3	4
5	6	7	8	9	10	11
12	13	14	15	16	17	18
19	20	21	22	23	24	25
26	27	28	29	30	31	

7 am
8 am
9 am
10 am
11 am
12 am
1 pm
2 pm
3 pm
4 pm
5 pm
6 pm
7 pm
8 pm
9 pm

notas

«Que abandone el malvado su camino
y el perverso sus pensamientos.
Que se vuelva al Señor, a nuestro
Dios, que es generoso para perdonar
y de él recibirá compasión».

ISAÍAS 55:7, NVI

2026 JULIO

viernes 10

JULIO 2026

D	L	M	M	J	V	S
			1	2	3	4
5	6	7	8	9	10	11
12	13	14	15	16	17	18
19	20	21	22	23	24	25
26	27	28	29	30	31	

PRIORIDADES

7 am
8 am
9 am
10 am
11 am
12 am
1 pm
2 pm
3 pm
4 pm
5 pm
6 pm
7 pm
8 pm
9 pm

notas

«Antes de formarte en el vientre, ya te había elegido; antes de que nacieras, ya te había apartado; te había nombrado profeta para las naciones».

JEREMÍAS 1:5, NVI

JULIO 2026

11 sábado

PRIORIDADES

JULIO 2026

D	L	M	M	J	V	S
			1	2	3	4
5	6	7	8	9	10	11
12	13	14	15	16	17	18
19	20	21	22	23	24	25
26	27	28	29	30	31	

7 am
8 am
9 am
10 am
11 am
12 am
1 pm
2 pm
3 pm
4 pm
5 pm
6 pm
7 pm
8 pm
9 pm

notas

«Porque en el evangelio la justicia de Dios se revela por fe y para fe, como está escrito: Mas el justo por la fe vivirá».

ROMANOS 1:17, RVR60

2026 JULIO

JULIO 2026

D	L	M	M	J	V	S
			1	2	3	4
5	6	7	8	9	10	11
12	13	14	15	16	17	18
19	20	21	22	23	24	25
26	27	28	29	30	31	

domingo **12**

PRIORIDADES

....

....

....

....

7 am
8 am
9 am
10 am
11 am
12 am
1 pm
2 pm
3 pm
4 pm
5 pm
6 pm
7 pm
8 pm
9 pm

notas

«Hermanos míos, que vuestra fe en nuestro glorioso Señor Jesucristo sea sin acepción de personas».

SANTIAGO 2:1, RVR60

JULIO 2026

13 lunes

PRIORIDADES

JULIO 2026

D	L	M	M	J	V	S
			1	2	3	4
5	6	7	8	9	10	11
12	13	14	15	16	17	18
19	20	21	22	23	24	25
26	27	28	29	30	31	

7 am
8 am
9 am
10 am
11 am
12 am
1 pm
2 pm
3 pm
4 pm
5 pm
6 pm
7 pm
8 pm
9 pm

notas

«Mas vosotros sois linaje escogido, real sacerdocio, nación santa, pueblo adquirido por Dios, para que anunciéis las virtudes de aquel que os llamó de las tinieblas a su luz admirable».

1 PEDRO 2:9, RVR60

2026   **JULIO**

JULIO 2026

D	L	M	M	J	V	S
			1	2	3	4
5	6	7	8	9	10	11
12	13	14	15	16	17	18
19	20	21	22	23	24	25
26	27	28	29	30	31	

martes **14**

PRIORIDADES

7 am
8 am
9 am
10 am
11 am
12 am
1 pm
2 pm
3 pm
4 pm
5 pm
6 pm
7 pm
8 pm
9 pm

notas

«El Señor y Dios es mi fuerza; da a mis pies la ligereza de una gacela y me hace caminar por las alturas».

HABACUC 3:19, NVI

JULIO 2026

15 miércoles

PRIORIDADES

JULIO 2026

D	L	M	M	J	V	S
			1	2	3	4
5	6	7	8	9	10	11
12	13	14	**15**	16	17	18
19	20	21	22	23	24	25
26	27	28	29	30	31	

7 am
8 am
9 am
10 am
11 am
12 am
1 pm
2 pm
3 pm
4 pm
5 pm
6 pm
7 pm
8 pm
9 pm

notas

«Porque yo conozco los planes que tengo para ustedes —afirma el Señor—, planes de bienestar y no de calamidad, a fin de darles un futuro y una esperanza».

JEREMÍAS 29:11, NVI

2026 JULIO

JULIO 2026

D	L	M	M	J	V	S
			1	2	3	4
5	6	7	8	9	10	11
12	13	14	15	16	17	18
19	20	21	22	23	24	25
26	27	28	29	30	31	

jueves **16**

PRIORIDADES

7 am
8 am
9 am
10 am
11 am
12 am
1 pm
2 pm
3 pm
4 pm
5 pm
6 pm
7 pm
8 pm
9 pm

notas

«Velen y oren para que no cedan ante la tentación, porque el espíritu está dispuesto, pero el cuerpo es débil».

MATEO 26:41, NTV

JULIO 2026

17 viernes

PRIORIDADES

JULIO 2026

D	L	M	M	J	V	S
			1	2	3	4
5	6	7	8	9	10	11
12	13	14	15	16	17	18
19	20	21	22	23	24	25
26	27	28	29	30	31	

7 am
8 am
9 am
10 am
11 am
12 am
1 pm
2 pm
3 pm
4 pm
5 pm
6 pm
7 pm
8 pm
9 pm

notas

«Pues si ustedes, aun siendo malos, saben dar cosas buenas a sus hijos, ¡cuánto más su Padre que está en los cielos dará cosas buenas a los que le pidan».

MATEO 7:11, NVI

2026 JULIO

JULIO 2026

D	L	M	M	J	V	S
			1	2	3	4
5	6	7	8	9	10	11
12	13	14	15	16	17	18
19	20	21	22	23	24	25
26	27	28	29	30	31	

sábado **18**

PRIORIDADES

7 am
8 am
9 am
10 am
11 am
12 am
1 pm
2 pm
3 pm
4 pm
5 pm
6 pm
7 pm
8 pm
9 pm

notas

«Tan grande es su amor por los que le temen como alto es el cielo sobre la tierra».

SALMO 103:11, NVI

JULIO 2026

19 domingo

PRIORIDADES

JULIO 2026

D	L	M	M	J	V	S
			1	2	3	4
5	6	7	8	9	10	11
12	13	14	15	16	17	18
19	20	21	22	23	24	25
26	27	28	29	30	31	

7 am
8 am
9 am
10 am
11 am
12 am
1 pm
2 pm
3 pm
4 pm
5 pm
6 pm
7 pm
8 pm
9 pm

notas

«Fíjense en las aves del cielo: no siembran ni cosechan, ni almacenan en graneros; sin embargo, el Padre celestial las alimenta. ¿No valen ustedes mucho más que ellas?».

MATEO 6:26, NVI

2026   **JULIO**

JULIO 2026

D	L	M	M	J	V	S
			1	2	3	4
5	6	7	8	9	10	11
12	13	14	15	16	17	18
19	20	21	22	23	24	25
26	27	28	29	30	31	

lunes **20**

PRIORIDADES

7 am
8 am
9 am
10 am
11 am
12 am
1 pm
2 pm
3 pm
4 pm
5 pm
6 pm
7 pm
8 pm
9 pm

notas

«Mi Dios, pues, suplirá todo lo que os falta conforme a sus riquezas en gloria en Cristo Jesús».

FILIPENSES 4:19, RVR60

JULIO   2026

21 *martes*

PRIORIDADES

JULIO 2026

D	L	M	M	J	V	S
			1	2	3	4
5	6	7	8	9	10	11
12	13	14	15	16	17	18
19	20	21	22	23	24	25
26	27	28	29	30	31	

7 am
8 am
9 am
10 am
11 am
12 am
1 pm
2 pm
3 pm
4 pm
5 pm
6 pm
7 pm
8 pm
9 pm

notas

«Y todo lo que hagáis, hacedlo de corazón, como para el Señor y no para los hombres; sabiendo que del Señor recibiréis la recompensa de la herencia, porque a Cristo el Señor servís».

COLOSENSES 3:23-24, RVR60

2026   **JULIO**

---

miércoles **22**

JULIO 2026

D	L	M	M	J	V	S
			1	2	3	4
5	6	7	8	9	10	11
12	13	14	15	16	17	18
19	20	21	22	23	24	25
26	27	28	29	30	31	

PRIORIDADES

---

7 am

8 am

9 am

10 am

11 am

12 am

1 pm

2 pm

3 pm

4 pm

5 pm

6 pm

7 pm

8 pm

9 pm

---

notas

«Él nos rescató del reino de la oscuridad y nos trasladó al reino de su Hijo amado, quien compró nuestra libertad y perdonó nuestros pecados».

COLOSENSES 1:13-14, NTV

JULIO 2026

23 jueves

PRIORIDADES

JULIO 2026

D	L	M	M	J	V	S
			1	2	3	4
5	6	7	8	9	10	11
12	13	14	15	16	17	18
19	20	21	22	23	24	25
26	27	28	29	30	31	

7 am
8 am
9 am
10 am
11 am
12 am
1 pm
2 pm
3 pm
4 pm
5 pm
6 pm
7 pm
8 pm
9 pm

notas

«Luego de que ustedes hayan sufrido un poco de tiempo, Dios mismo, el Dios de toda gracia que los llamó a su gloria eterna en Cristo, los restaurará y los hará fuertes, firmes y estables».

1 PEDRO 5:10, NVI

2026 JULIO

viernes
24

JULIO 2026

D	L	M	M	J	V	S
			1	2	3	4
5	6	7	8	9	10	11
12	13	14	15	16	17	18
19	20	21	22	23	24	25
26	27	28	29	30	31	

PRIORIDADES

7 am
8 am
9 am
10 am
11 am
12 am
1 pm
2 pm
3 pm
4 pm
5 pm
6 pm
7 pm
8 pm
9 pm

notas

«Porque con alegría saldréis, y con paz seréis vueltos; los montes y los collados levantarán canción delante de vosotros, y todos los árboles del campo darán palmadas de aplauso».

ISAÍAS 55:12, RVR60

JULIO 2026

25 sábado

PRIORIDADES

JULIO 2026

D	L	M	M	J	V	S
			1	2	3	4
5	6	7	8	9	10	11
12	13	14	15	16	17	18
19	20	21	22	23	24	25
26	27	28	29	30	31	

7 am
8 am
9 am
10 am
11 am
12 am
1 pm
2 pm
3 pm
4 pm
5 pm
6 pm
7 pm
8 pm
9 pm

notas

«Porque los montes se moverán, y los collados temblarán, pero no se apartará de ti mi misericordia, ni el pacto de mi paz se quebrantará, dijo Jehová, el que tiene misericordia de ti».

ISAÍAS 54:10, RVR60

2026 JULIO

domingo **26**

JULIO 2026

D	L	M	M	J	V	S
			1	2	3	4
5	6	7	8	9	10	11
12	13	14	15	16	17	18
19	20	21	22	23	24	25
26	27	28	29	30	31	

PRIORIDADES

7 am
8 am
9 am
10 am
11 am
12 am
1 pm
2 pm
3 pm
4 pm
5 pm
6 pm
7 pm
8 pm
9 pm

notas

«¡Den gracias al Señor, porque él es bueno!
Su fiel amor perdura para siempre».

SALMO 107:1, NTV

JULIO   2026

27 lunes

PRIORIDADES

JULIO 2026

D	L	M	M	J	V	S
			1	2	3	4
5	6	7	8	9	10	11
12	13	14	15	16	17	18
19	20	21	22	23	24	25
26	27	28	29	30	31	

7 am
8 am
9 am
10 am
11 am
12 am
1 pm
2 pm
3 pm
4 pm
5 pm
6 pm
7 pm
8 pm
9 pm

notas

«Si me aman, obedezcan mis mandamientos».

JUAN 14:15, NTV

2026

JULIO

JULIO 2026

D	L	M	M	J	V	S
			1	2	3	4
5	6	7	8	9	10	11
12	13	14	15	16	17	18
19	20	21	22	23	24	25
26	27	28	29	30	31	

martes

28

PRIORIDADES

7 am
8 am
9 am
10 am
11 am
12 am
1 pm
2 pm
3 pm
4 pm
5 pm
6 pm
7 pm
8 pm
9 pm

notas

«Los leoncillos se debilitan y tienen hambre, pero a los que buscan al Señor nada les falta».

SALMO 34:10, NVI

JULIO 2026

29 miércoles

PRIORIDADES

JULIO 2026

D	L	M	M	J	V	S
			1	2	3	4
5	6	7	8	9	10	11
12	13	14	15	16	17	18
19	20	21	22	23	24	25
26	27	28	29	30	31	

7 am
8 am
9 am
10 am
11 am
12 am
1 pm
2 pm
3 pm
4 pm
5 pm
6 pm
7 pm
8 pm
9 pm

notas

«Este día ha sido consagrado a nuestro Señor. No estén tristes, pues el gozo del Señor es su fortaleza».

NEHEMÍAS 8:10, NVI

2026 JULIO

JULIO 2026

D	L	M	M	J	V	S
			1	2	3	4
5	6	7	8	9	10	11
12	13	14	15	16	17	18
19	20	21	22	23	24	25
26	27	28	29	30	31	

jueves **30**

PRIORIDADES

7 am
8 am
9 am
10 am
11 am
12 am
1 pm
2 pm
3 pm
4 pm
5 pm
6 pm
7 pm
8 pm
9 pm

notas

«Porque de tal manera amó Dios al mundo, que ha dado a su Hijo unigénito, para que todo aquel que en él cree, no se pierda, mas tenga vida eterna».

JUAN 3:16, RVR60

JULIO 2026

31 viernes

PRIORIDADES

JULIO 2026

D	L	M	M	J	V	S
			1	2	3	4
5	6	7	8	9	10	11
12	13	14	15	16	17	18
19	20	21	22	23	24	25
26	27	28	29	30	31	

7 am
8 am
9 am
10 am
11 am
12 am
1 pm
2 pm
3 pm
4 pm
5 pm
6 pm
7 pm
8 pm
9 pm

notas

«¡El fiel amor del Señor nunca se acaba! Sus misericordias jamás terminan. Grande es su fidelidad; sus misericordias son nuevas cada mañana».

LAMENTACIONES 3:22-23, NTV

Agosto

«El principio de la sabiduría es el temor de Jehová; los insensatos desprecian la sabiduría y la enseñanza».

PROVERBIOS 1:7, RVR60

Agosto 2026

DOMINGO	LUNES	MARTES	MIÉRCOLES
2	3	4	5
9	10	11	12
16	17	18	19
23	24	25	26
30	31		

JUEVES	VIERNES	SÁBADO	notas
		1	
6	7	8	
13	14	15	
20	21	22	
27	28	29	

JULIO 2026

D	L	M	M	J	V	S
			1	2	3	4
5	6	7	8	9	10	11
12	13	14	15	16	17	18
19	20	21	22	23	24	25
26	27	28	29	30	31	

SEPTIEMBRE 2026

D	L	M	M	J	V	S
		1	2	3	4	5
6	7	8	9	10	11	12
13	14	15	16	17	18	19
20	21	22	23	24	25	26
27	28	29	30			

Plan mensual

PRIORIDADES DEL MES

OBJETIVOS PERSONALES

OBJETIVOS GENERALES

Presupuesto mensual

CUENTAS	FECHA	CANTIDAD	PAGO	BALANCE

«Paguen a cada uno lo que corresponda».
ROMANOS 13:7, NVI

TOTAL

AGOSTO 2026

01 sábado

PRIORIDADES

AGOSTO 2026

D	L	M	M	J	V	S
						1
2	3	4	5	6	7	8
9	10	11	12	13	14	15
16	17	18	19	20	21	22
23	24	25	26	27	28	29
30	31					

7 am
8 am
9 am
10 am
11 am
12 am
1 pm
2 pm
3 pm
4 pm
5 pm
6 pm
7 pm
8 pm
9 pm

notas

«Yo te he amado, pueblo mío, con un amor eterno. Con amor inagotable te acerqué a mí».

JEREMÍAS 31:3, NTV

2026 AGOSTO

AGOSTO 2026

D	L	M	M	J	V	S
						1
2	3	4	5	6	7	8
9	10	11	12	13	14	15
16	17	18	19	20	21	22
23	24	25	26	27	28	29
30	31					

domingo **02**

PRIORIDADES

7 am
8 am
9 am
10 am
11 am
12 am
1 pm
2 pm
3 pm
4 pm
5 pm
6 pm
7 pm
8 pm
9 pm

notas

«El Señor fortalece a su pueblo;
el Señor bendice a su pueblo
con la paz».

SALMO 29:11, NVI

AGOSTO 2026

03 lunes

PRIORIDADES

AGOSTO 2026

D	L	M	M	J	V	S
						1
2	3	4	5	6	7	8
9	10	11	12	13	14	15
16	17	18	19	20	21	22
23	24	25	26	27	28	29
30	31					

7 am

8 am

9 am

10 am

11 am

12 am

1 pm

2 pm

3 pm

4 pm

5 pm

6 pm

7 pm

8 pm

9 pm

notas

«Diré yo a Jehová: Esperanza mía, y castillo mío; mi Dios, en quien confiaré».

SALMO 91:2, RVR60

2026 AGOSTO

AGOSTO 2026

D	L	M	M	J	V	S
						1
2	3	4	5	6	7	8
9	10	11	12	13	14	15
16	17	18	19	20	21	22
23	24	25	26	27	28	29
30	31					

martes **04**

PRIORIDADES

7 am
8 am
9 am
10 am
11 am
12 am
1 pm
2 pm
3 pm
4 pm
5 pm
6 pm
7 pm
8 pm
9 pm

notas

«El que tarda en airarse es grande de entendimiento; más el que es impaciente de espíritu enaltece la necedad».

PROVERBIOS 14:29, RVR60

AGOSTO 2026

05 miércoles

PRIORIDADES

AGOSTO 2026

D	L	M	M	J	V	S
						1
2	3	4	5	6	7	8
9	10	11	12	13	14	15
16	17	18	19	20	21	22
23	24	25	26	27	28	29
30	31					

7 am
8 am
9 am
10 am
11 am
12 am
1 pm
2 pm
3 pm
4 pm
5 pm
6 pm
7 pm
8 pm
9 pm

notas

«Así como la tierra hace que broten los retoños y el huerto hace que germinen las semillas, así el Señor y Dios hará que broten la justicia y la alabanza ante todas las naciones».

ISAÍAS 61:11, NVI

2026 AGOSTO

AGOSTO 2026

D	L	M	M	J	V	S
						1
2	3	4	5	6	7	8
9	10	11	12	13	14	15
16	17	18	19	20	21	22
23	24	25	26	27	28	29
30	31					

jueves **06**

PRIORIDADES

7 am
8 am
9 am
10 am
11 am
12 am
1 pm
2 pm
3 pm
4 pm
5 pm
6 pm
7 pm
8 pm
9 pm

notas

«¿Qué Dios hay como tú, que perdone la maldad y pase por alto el delito del remanente de su heredad? No estarás airado para siempre, porque tu mayor placer es amar».

MIQUEAS 7:18, NVI

AGOSTO 2026

07 viernes

PRIORIDADES

AGOSTO 2026

D	L	M	M	J	V	S
						1
2	3	4	5	6	7	8
9	10	11	12	13	14	15
16	17	18	19	20	21	22
23	24	25	26	27	28	29
30	31					

7 am
8 am
9 am
10 am
11 am
12 am
1 pm
2 pm
3 pm
4 pm
5 pm
6 pm
7 pm
8 pm
9 pm

notas

«Dios es quien produce en ustedes tanto el querer como el hacer para que se cumpla su buena voluntad».

FILIPENSES 2:13, NVI

2026 AGOSTO

sábado
08

AGOSTO 2026

D	L	M	M	J	V	S
						1
2	3	4	5	6	7	8
9	10	11	12	13	14	15
16	17	18	19	20	21	22
23	24	25	26	27	28	29
30	31					

PRIORIDADES

7 am
8 am
9 am
10 am
11 am
12 am
1 pm
2 pm
3 pm
4 pm
5 pm
6 pm
7 pm
8 pm
9 pm

notas

«Al sentir que se me iba la vida, me acordé del Señor, y mi oración legó hasta ti, hasta tu santo Templo».

JONÁS 2:7, NVI

AGOSTO 2026

09 domingo

PRIORIDADES

AGOSTO 2026

D	L	M	M	J	V	S
						1
2	3	4	5	6	7	8
9	10	11	12	13	14	15
16	17	18	19	20	21	22
23	24	25	26	27	28	29
30	31					

7 am
8 am
9 am
10 am
11 am
12 am
1 pm
2 pm
3 pm
4 pm
5 pm
6 pm
7 pm
8 pm
9 pm

notas

«Todas las promesas que ha hecho Dios son "sí" en Cristo. Así que por medio de Cristo respondemos "amén" para la gloria de Dios».

2 CORINTIOS 1:20, NVI

2026 AGOSTO

AGOSTO 2026

D	L	M	M	J	V	S
						1
2	3	4	5	6	7	8
9	10	11	12	13	14	15
16	17	18	19	20	21	22
23	24	25	26	27	28	29
30	31					

lunes **10**

PRIORIDADES

7 am
8 am
9 am
10 am
11 am
12 am
1 pm
2 pm
3 pm
4 pm
5 pm
6 pm
7 pm
8 pm
9 pm

notas

«Porque todo lo que Dios ha creado es bueno y nada es despreciable si se recibe con acción de gracias».

1 TIMOTEO 4:4, NVI

AGOSTO 2026

11 martes

PRIORIDADES

AGOSTO 2026

D	L	M	M	J	V	S
						1
2	3	4	5	6	7	8
9	10	11	12	13	14	15
16	17	18	19	20	21	22
23	24	25	26	27	28	29
30	31					

7 am
8 am
9 am
10 am
11 am
12 am
1 pm
2 pm
3 pm
4 pm
5 pm
6 pm
7 pm
8 pm
9 pm

notas

«No corregir al hijo es no quererlo; amarlo es disciplinarlo a tiempo».

PROVERBIOS 13:24, NVI

2026 AGOSTO

AGOSTO 2026

D	L	M	M	J	V	S
						1
2	3	4	5	6	7	8
9	10	11	12	13	14	15
16	17	18	19	20	21	22
23	24	25	26	27	28	29
30	31					

miércoles **12**

PRIORIDADES

....
....
....

7 am
8 am
9 am
10 am
11 am
12 am
1 pm
2 pm
3 pm
4 pm
5 pm
6 pm
7 pm
8 pm
9 pm

notas

«Estas cosas os he hablado, para que mi gozo esté en vosotros, y vuestro gozo sea cumplido».

JUAN 15:11, RVR60

AGOSTO 2026

13 jueves

PRIORIDADES

AGOSTO 2026

D	L	M	M	J	V	S
						1
2	3	4	5	6	7	8
9	10	11	12	13	14	15
16	17	18	19	20	21	22
23	24	25	26	27	28	29
30	31					

7 am
8 am
9 am
10 am
11 am
12 am
1 pm
2 pm
3 pm
4 pm
5 pm
6 pm
7 pm
8 pm
9 pm

notas

«Él les tiene contados aun los cabellos de la cabeza. Así que no tengan miedo, ustedes valen más que muchos gorriones».

MATEO 10:30-31, NVI

2026 AGOSTO

AGOSTO 2026

D	L	M	M	J	V	S
						1
2	3	4	5	6	7	8
9	10	11	12	13	14	15
16	17	18	19	20	21	22
23	24	25	26	27	28	29
30	31					

viernes **14**

PRIORIDADES

7 am
8 am
9 am
10 am
11 am
12 am
1 pm
2 pm
3 pm
4 pm
5 pm
6 pm
7 pm
8 pm
9 pm

notas

«Lo secreto pertenece al Señor nuestro Dios, pero lo revelado nos pertenece a nosotros y a nuestros hijos para siempre, para que obedezcamos todas las palabras de esta ley».

DEUTERONOMIO 29:29, NVI

AGOSTO 2026

15 sábado

PRIORIDADES

AGOSTO 2026

D	L	M	M	J	V	S
						1
2	3	4	5	6	7	8
9	10	11	12	13	14	15
16	17	18	19	20	21	22
23	24	25	26	27	28	29
30	31					

7 am
8 am
9 am
10 am
11 am
12 am
1 pm
2 pm
3 pm
4 pm
5 pm
6 pm
7 pm
8 pm
9 pm

notas

«Confía en el Señor y haz el bien; entonces vivirás seguro en la tierra y prosperarás».

SALMO 37:3, NTV

2026 AGOSTO

domingo **16**

AGOSTO 2026

D	L	M	M	J	V	S
						1
2	3	4	5	6	7	8
9	10	11	12	13	14	15
16	17	18	19	20	21	22
23	24	25	26	27	28	29
30	31					

PRIORIDADES

- 7 am
- 8 am
- 9 am
- 10 am
- 11 am
- 12 am
- 1 pm
- 2 pm
- 3 pm
- 4 pm
- 5 pm
- 6 pm
- 7 pm
- 8 pm
- 9 pm

notas

«El Señor no retarda su promesa, según algunos la tienen por tardanza, sino que es paciente para con nosotros, no queriendo que ninguno perezca, sino que todos procedan al arrepentimiento».

2 PEDRO 3:9, RVR60

AGOSTO 2026

17 lunes

PRIORIDADES

AGOSTO 2026

D	L	M	M	J	V	S
						1
2	3	4	5	6	7	8
9	10	11	12	13	14	15
16	17	18	19	20	21	22
23	24	25	26	27	28	29
30	31					

7 am
8 am
9 am
10 am
11 am
12 am
1 pm
2 pm
3 pm
4 pm
5 pm
6 pm
7 pm
8 pm
9 pm

notas

«Porque el Hijo del Hombre no vino para ser servido, sino para servir, y para dar su vida en rescate por muchos».

MARCOS 10:45, RVR60

2026 AGOSTO

martes 18

AGOSTO 2026

D	L	M	M	J	V	S
						1
2	3	4	5	6	7	8
9	10	11	12	13	14	15
16	17	18	19	20	21	22
23	24	25	26	27	28	29
30	31					

PRIORIDADES

7 am
8 am
9 am
10 am
11 am
12 am
1 pm
2 pm
3 pm
4 pm
5 pm
6 pm
7 pm
8 pm
9 pm

notas

«Los malvados no comprenden la justicia,
pero los que siguen al Señor la entienden
a la perfección».

PROVERBIOS 28:5, NTV

AGOSTO 2026

19 miércoles

PRIORIDADES

AGOSTO 2026

D	L	M	M	J	V	S
						1
2	3	4	5	6	7	8
9	10	11	12	13	14	15
16	17	18	19	20	21	22
23	24	25	26	27	28	29
30	31					

7 am
8 am
9 am
10 am
11 am
12 am
1 pm
2 pm
3 pm
4 pm
5 pm
6 pm
7 pm
8 pm
9 pm

notas

«El Señor llevará a cabo los planes que tiene para mi vida, pues tu fiel amor, oh Señor, permanece para siempre. No me abandones, porque tú me creaste».

SALMO 138:8, NTV

2026 AGOSTO

AGOSTO 2026

D	L	M	M	J	V	S
						1
2	3	4	5	6	7	8
9	10	11	12	13	14	15
16	17	18	19	20	21	22
23	24	25	26	27	28	29
30	31					

jueves **20**

PRIORIDADES

7 am
8 am
9 am
10 am
11 am
12 am
1 pm
2 pm
3 pm
4 pm
5 pm
6 pm
7 pm
8 pm
9 pm

notas

«Por lo tanto, como pueblo escogido de Dios, santo y amado, revístanse de afecto entrañable y de bondad, humildad, amabilidad y paciencia».

COLOSENSES 3:12, NVI

AGOSTO 2026

21 viernes

PRIORIDADES

AGOSTO 2026

D	L	M	M	J	V	S
						1
2	3	4	5	6	7	8
9	10	11	12	13	14	15
16	17	18	19	20	**21**	22
23	24	25	26	27	28	29
30	31					

7 am
8 am
9 am
10 am
11 am
12 am
1 pm
2 pm
3 pm
4 pm
5 pm
6 pm
7 pm
8 pm
9 pm

notas

«Porque recta es la palabra de Jehová, y toda su obra es hecha con fidelidad».

SALMO 33:4, RVR60

2026   **AGOSTO**

AGOSTO 2026

D	L	M	M	J	V	S
						1
2	3	4	5	6	7	8
9	10	11	12	13	14	15
16	17	18	19	20	21	22
23	24	25	26	27	28	29
30	31					

sábado **22**

PRIORIDADES

- 7 am
- 8 am
- 9 am
- 10 am
- 11 am
- 12 am
- 1 pm
- 2 pm
- 3 pm
- 4 pm
- 5 pm
- 6 pm
- 7 pm
- 8 pm
- 9 pm

notas

«Porque yo soy el Señor tu Dios, que sostiene tu mano derecha; yo soy quien te dice: "No temas, yo te ayudaré"».

ISAÍAS 41:13, NVI

AGOSTO 2026

23 domingo

PRIORIDADES

AGOSTO 2026

D	L	M	M	J	V	S
						1
2	3	4	5	6	7	8
9	10	11	12	13	14	15
16	17	18	19	20	21	22
23	24	25	26	27	28	29
30	31					

7 am
8 am
9 am
10 am
11 am
12 am
1 pm
2 pm
3 pm
4 pm
5 pm
6 pm
7 pm
8 pm
9 pm

notas

«No sean nunca perezosos, más bien trabajen con esmero y sirvan al Señor con entusiasmo».

ROMANOS 12:11, NTV

2026 AGOSTO

AGOSTO 2026

D	L	M	M	J	V	S
						1
2	3	4	5	6	7	8
9	10	11	12	13	14	15
16	17	18	19	20	21	22
23	24	25	26	27	28	29
30	31					

lunes **24**

PRIORIDADES

7 am
8 am
9 am
10 am
11 am
12 am
1 pm
2 pm
3 pm
4 pm
5 pm
6 pm
7 pm
8 pm
9 pm

notas

«El que practica el pecado es del diablo, porque el diablo ha estado pecando desde el principio. El Hijo de Dios fue enviado precisamente para destruir las obras del diablo».

1 JUAN 3:8, NVI

AGOSTO 2026

25 martes

PRIORIDADES

AGOSTO 2026

D	L	M	M	J	V	S
						1
2	3	4	5	6	7	8
9	10	11	12	13	14	15
16	17	18	19	20	21	22
23	24	25	26	27	28	29
30	31					

7 am
8 am
9 am
10 am
11 am
12 am
1 pm
2 pm
3 pm
4 pm
5 pm
6 pm
7 pm
8 pm
9 pm

notas

«La gloria postrera de esta casa será mayor que la primera, ha dicho Jehová de los ejércitos; y daré paz en este lugar, dice Jehová de los ejércitos».

HAGEO 2:9, RVR60

2026 AGOSTO

miércoles
26

AGOSTO 2026

D	L	M	M	J	V	S
						1
2	3	4	5	6	7	8
9	10	11	12	13	14	15
16	17	18	19	20	21	22
23	24	25	26	27	28	29
30	31					

PRIORIDADES

7 am
8 am
9 am
10 am
11 am
12 am
1 pm
2 pm
3 pm
4 pm
5 pm
6 pm
7 pm
8 pm
9 pm

notas

«El Señor mismo peleará por ustedes. Solo quédense tranquilos».

ÉXODO 14:14, NTV

AGOSTO 2026

27 jueves

PRIORIDADES

AGOSTO 2026

D	L	M	M	J	V	S
						1
2	3	4	5	6	7	8
9	10	11	12	13	14	15
16	17	18	19	20	21	22
23	24	25	26	27	28	29
30	31					

7 am
8 am
9 am
10 am
11 am
12 am
1 pm
2 pm
3 pm
4 pm
5 pm
6 pm
7 pm
8 pm
9 pm

notas

«En ti confían los que conocen tu nombre, porque tú, Señor, jamás abandonas a los que te buscan».

SALMO 9:10, NVI

2026 AGOSTO

AGOSTO 2026

D	L	M	M	J	V	S
						1
2	3	4	5	6	7	8
9	10	11	12	13	14	15
16	17	18	19	20	21	22
23	24	25	26	27	28	29
30	31					

viernes **28**

PRIORIDADES

7 am
8 am
9 am
10 am
11 am
12 am
1 pm
2 pm
3 pm
4 pm
5 pm
6 pm
7 pm
8 pm
9 pm

notas

«Por lo tanto, advierte al pueblo que así dice el Señor de los Ejércitos: "Vuélvanse a mí, y yo me volveré a ustedes", afirma el Señor de los Ejércitos».

ZACARÍAS 1:3, NVI

AGOSTO 2026

29 sábado

PRIORIDADES

AGOSTO 2026

D	L	M	M	J	V	S
						1
2	3	4	5	6	7	8
9	10	11	12	13	14	15
16	17	18	19	20	21	22
23	24	25	26	27	28	**29**
30	31					

7 am
8 am
9 am
10 am
11 am
12 am
1 pm
2 pm
3 pm
4 pm
5 pm
6 pm
7 pm
8 pm
9 pm

notas

«Yo he puesto mi esperanza en el Señor;
yo espero en el Dios de mi salvación.
¡Mi Dios me escuchará!».

MIQUEAS 7:7, NVI

2026 AGOSTO

AGOSTO 2026

D	L	M	M	J	V	S
						1
2	3	4	5	6	7	8
9	10	11	12	13	14	15
16	17	18	19	20	21	22
23	24	25	26	27	28	29
30	31					

domingo **30**

PRIORIDADES

- 7 am
- 8 am
- 9 am
- 10 am
- 11 am
- 12 am
- 1 pm
- 2 pm
- 3 pm
- 4 pm
- 5 pm
- 6 pm
- 7 pm
- 8 pm
- 9 pm

notas

«Aunque tropiecen, nunca caerán, porque el Señor los sostiene de la mano».

SALMO 37:24, NTV

AGOSTO 2026

31 lunes

PRIORIDADES

AGOSTO 2026

D	L	M	M	J	V	S
						1
2	3	4	5	6	7	8
9	10	11	12	13	14	15
16	17	18	19	20	21	22
23	24	25	26	27	28	29
30	31					

7 am
8 am
9 am
10 am
11 am
12 am
1 pm
2 pm
3 pm
4 pm
5 pm
6 pm
7 pm
8 pm
9 pm

notas

«Si tengo el don de profecía y entiendo todos los misterios; si poseo todo conocimiento, si tengo una fe que logra trasladar montañas, pero me falta el amor, no soy nada».

1 CORINTIOS 13:2, NVI

Septiembre

«Bendito el hombre que confía en el Señor y pone su confianza en él».

JEREMÍAS 17:7, NVI

Septiembre 2026

DOMINGO	LUNES	MARTES	MIÉRCOLES
		1	2
6	7	8	9
13	14	15	16
20	21	22	23
27	28	29	30

JUEVES	VIERNES	SÁBADO	notas
3	4	5	
10	11	12	
17	18	19	
24	25	26	

AGOSTO 2026

D	L	M	M	J	V	S
						1
2	3	4	5	6	7	8
9	10	11	12	13	14	15
16	17	18	19	20	21	22
23	24	25	26	27	28	29
30	31					

OCTUBRE 2026

D	L	M	M	J	V	S
				1	2	3
4	5	6	7	8	9	10
11	12	13	14	15	16	17
18	19	20	21	22	23	24
25	26	27	28	29	30	31

Plan mensual

PRIORIDADES DEL MES

OBJETIVOS PERSONALES

OBJETIVOS GENERALES

Presupuesto mensual

CUENTAS	FECHA	CANTIDAD	PAGO	BALANCE

*«El Señor tu Dios te bendecirá
tal como lo prometió».*
DEUTERONOMIO 15:6, NTV

TOTAL

SEPTIEMBRE   2026

01 — martes

PRIORIDADES

SEPTIEMBRE 2026

D	L	M	M	J	V	S
		1	2	3	4	5
6	7	8	9	10	11	12
13	14	15	16	17	18	19
20	21	22	23	24	25	26
27	28	29	30			

- 7 am
- 8 am
- 9 am
- 10 am
- 11 am
- 12 am
- 1 pm
- 2 pm
- 3 pm
- 4 pm
- 5 pm
- 6 pm
- 7 pm
- 8 pm
- 9 pm

notas

«Enséñame a hacer tu voluntad, porque tú eres mi Dios; tu buen espíritu me guíe a tierra de rectitud».

SALMO 143:10, RVR60

2026　　SEPTIEMBRE

miércoles

02

SEPTIEMBRE 2026

D	L	M	M	J	V	S
		1	2	3	4	5
6	7	8	9	10	11	12
13	14	15	16	17	18	19
20	21	22	23	24	25	26
27	28	29	30			

PRIORIDADES

7 am
8 am
9 am
10 am
11 am
12 am
1 pm
2 pm
3 pm
4 pm
5 pm
6 pm
7 pm
8 pm
9 pm

notas

«Yo mismo iré contigo
y te daré descanso
—respondió el Señor».

ÉXODO 33:14, NVI

SEPTIEMBRE   2026

03 *jueves*

PRIORIDADES

SEPTIEMBRE 2026

D	L	M	M	J	V	S
		1	2	3	4	5
6	7	8	9	10	11	12
13	14	15	16	17	18	19
20	21	22	23	24	25	26
27	28	29	30			

7 am

8 am

9 am

10 am

11 am

12 am

1 pm

2 pm

3 pm

4 pm

5 pm

6 pm

7 pm

8 pm

9 pm

notas

«La esperanza de los justos es alegría; mas la esperanza de los impíos perecerá».

PROVERBIOS 10:28, RVR60

2026   **SEPTIEMBRE**

SEPTIEMBRE 2026

D	L	M	M	J	V	S
		1	2	3	4	5
6	7	8	9	10	11	12
13	14	15	16	17	18	19
20	21	22	23	24	25	26
27	28	29	30			

viernes **04**

PRIORIDADES

7 am
8 am
9 am
10 am
11 am
12 am
1 pm
2 pm
3 pm
4 pm
5 pm
6 pm
7 pm
8 pm
9 pm

notas

«Este es el día que hizo el Señor; nos gozaremos y alegraremos en él».

SALMO 118:24, NTV

SEPTIEMBRE   2026

05   *sábado*

PRIORIDADES

SEPTIEMBRE 2026

D	L	M	M	J	V	S
		1	2	3	4	5
6	7	8	9	10	11	12
13	14	15	16	17	18	19
20	21	22	23	24	25	26
27	28	29	30			

7 am

8 am

9 am

10 am

11 am

12 am

1 pm

2 pm

3 pm

4 pm

5 pm

6 pm

7 pm

8 pm

9 pm

notas

«Cuando viene la soberbia, viene también la deshonra; mas con los humildes está la sabiduría».

PROVERBIOS 11:2, RVR60

2026 SEPTIEMBRE

domingo 06

SEPTIEMBRE 2026

D	L	M	M	J	V	S
		1	2	3	4	5
6	7	8	9	10	11	12
13	14	15	16	17	18	19
20	21	22	23	24	25	26
27	28	29	30			

PRIORIDADES

7 am
8 am
9 am
10 am
11 am
12 am
1 pm
2 pm
3 pm
4 pm
5 pm
6 pm
7 pm
8 pm
9 pm

notas

«El Señor es mi fuerza y mi escudo; mi corazón en él confía; de él recibo ayuda».

SALMO 28:7, NVI

SEPTIEMBRE   2026

07 *lunes*

PRIORIDADES

SEPTIEMBRE 2026

D	L	M	M	J	V	S
		1	2	3	4	5
6	7	8	9	10	11	12
13	14	15	16	17	18	19
20	21	22	23	24	25	26
27	28	29	30			

7 am

8 am

9 am

10 am

11 am

12 am

1 pm

2 pm

3 pm

4 pm

5 pm

6 pm

7 pm

8 pm

9 pm

notas

«¡En ningún otro hay salvación! Dios no ha dado ningún otro nombre bajo el cielo, mediante el cual podamos ser salvos».

HECHOS 4:12, NTV

2026 SEPTIEMBRE

martes 08

SEPTIEMBRE 2026

D	L	M	M	J	V	S
		1	2	3	4	5
6	7	8	9	10	11	12
13	14	15	16	17	18	19
20	21	22	23	24	25	26
27	28	29	30			

PRIORIDADES

7 am
8 am
9 am
10 am
11 am
12 am
1 pm
2 pm
3 pm
4 pm
5 pm
6 pm
7 pm
8 pm
9 pm

notas

«Dios es nuestro amparo y fortaleza, nuestro pronto auxilio en las tribulaciones».

SALMO 46:1, RVR60

SEPTIEMBRE 2026

09 miércoles

PRIORIDADES

SEPTIEMBRE 2026

D	L	M	M	J	V	S
		1	2	3	4	5
6	7	8	9	10	11	12
13	14	15	16	17	18	19
20	21	22	23	24	25	26
27	28	29	30			

7 am
8 am
9 am
10 am
11 am
12 am
1 pm
2 pm
3 pm
4 pm
5 pm
6 pm
7 pm
8 pm
9 pm

notas

«El Señor ama la justicia y el derecho; llena está la tierra de su gran amor».

SALMO 33:5, NVI

2026 SEPTIEMBRE

jueves **10**

SEPTIEMBRE 2026

D	L	M	M	J	V	S
		1	2	3	4	5
6	7	8	9	10	11	12
13	14	15	16	17	18	19
20	21	22	23	24	25	26
27	28	29	30			

PRIORIDADES

7 am

8 am

9 am

10 am

11 am

12 am

1 pm

2 pm

3 pm

4 pm

5 pm

6 pm

7 pm

8 pm

9 pm

notas

«Yo, el Señor, amo la justicia, pero odio el robo y la iniquidad. En mi fidelidad los recompensaré y haré con ellos un pacto eterno».

ISAÍAS 61:8, NVI

SEPTIEMBRE 2026

11 viernes

PRIORIDADES

SEPTIEMBRE 2026

D	L	M	M	J	V	S
		1	2	3	4	5
6	7	8	9	10	11	12
13	14	15	16	17	18	19
20	21	22	23	24	25	26
27	28	29	30			

7 am
8 am
9 am
10 am
11 am
12 am
1 pm
2 pm
3 pm
4 pm
5 pm
6 pm
7 pm
8 pm
9 pm

notas

«Y toda lengua confiese que Jesucristo es el Señor, para gloria de Dios Padre».

FILIPENSES 2:11, NVI

2026　　　　　　　　　　SEPTIEMBRE

sábado **12**

SEPTIEMBRE 2026

D	L	M	M	J	V	S
		1	2	3	4	5
6	7	8	9	10	11	12
13	14	15	16	17	18	19
20	21	22	23	24	25	26
27	28	29	30			

PRIORIDADES

....

....

....

7 am

8 am

9 am

10 am

11 am

12 am

1 pm

2 pm

3 pm

4 pm

5 pm

6 pm

7 pm

8 pm

9 pm

notas

«Felices son los íntegros,
los que siguen las enseñanzas
del Señor».

SALMO 119:1, NTV

SEPTIEMBRE   2026

13 — *domingo*

PRIORIDADES

SEPTIEMBRE 2026

D	L	M	M	J	V	S
		1	2	3	4	5
6	7	8	9	10	11	12
13	14	15	16	17	18	19
20	21	22	23	24	25	26
27	28	29	30			

7 am
8 am
9 am
10 am
11 am
12 am
1 pm
2 pm
3 pm
4 pm
5 pm
6 pm
7 pm
8 pm
9 pm

notas

«Los que sembraron con lágrimas, con regocijo segarán».

SALMO 126:5, RVR60

2026 SEPTIEMBRE

lunes 14

SEPTIEMBRE 2026

D	L	M	M	J	V	S
		1	2	3	4	5
6	7	8	9	10	11	12
13	14	15	16	17	18	19
20	21	22	23	24	25	26
27	28	29	30			

PRIORIDADES

7 am
8 am
9 am
10 am
11 am
12 am
1 pm
2 pm
3 pm
4 pm
5 pm
6 pm
7 pm
8 pm
9 pm

notas

«Los fuertes en la fe debemos apoyar a los débiles, en vez de hacer lo que nos agrada».

ROMANOS 15:1, NVI

SEPTIEMBRE 2026

15 martes

PRIORIDADES

....
....
....
....

SEPTIEMBRE 2026

D	L	M	M	J	V	S
		1	2	3	4	5
6	7	8	9	10	11	12
13	14	15	16	17	18	19
20	21	22	23	24	25	26
27	28	29	30			

7 am
8 am
9 am
10 am
11 am
12 am
1 pm
2 pm
3 pm
4 pm
5 pm
6 pm
7 pm
8 pm
9 pm

notas

«Sigan por el camino que el Señor su Dios ha trazado para que vivan, prosperen y disfruten de larga vida en la tierra».

DEUTERONOMIO 5:33, NVI

2026 SEPTIEMBRE

miércoles **16**

SEPTIEMBRE 2026

D	L	M	M	J	V	S
		1	2	3	4	5
6	7	8	9	10	11	12
13	14	15	16	17	18	19
20	21	22	23	24	25	26
27	28	29	30			

PRIORIDADES

7 am
8 am
9 am
10 am
11 am
12 am
1 pm
2 pm
3 pm
4 pm
5 pm
6 pm
7 pm
8 pm
9 pm

notas

«La bendición de Jehová es la que enriquece, y no añade tristeza con ella».

PROVERBIOS 10:22, RVR60

SEPTIEMBRE 2026

17 jueves

PRIORIDADES

SEPTIEMBRE 2026

D	L	M	M	J	V	S
		1	2	3	4	5
6	7	8	9	10	11	12
13	14	15	16	17	18	19
20	21	22	23	24	25	26
27	28	29	30			

7 am

8 am

9 am

10 am

11 am

12 am

1 pm

2 pm

3 pm

4 pm

5 pm

6 pm

7 pm

8 pm

9 pm

notas

«Con Dios obtendremos la victoria; ¡él aplastará a nuestros enemigos!».

SALMO 60:12, NVI

2026 SEPTIEMBRE

SEPTIEMBRE 2026

D	L	M	M	J	V	S
		1	2	3	4	5
6	7	8	9	10	11	12
13	14	15	16	17	18	19
20	21	22	23	24	25	26
27	28	29	30			

viernes **18**

PRIORIDADES

7 am
8 am
9 am
10 am
11 am
12 am
1 pm
2 pm
3 pm
4 pm
5 pm
6 pm
7 pm
8 pm
9 pm

notas

«No temas ni te desalientes, porque el propio Señor irá delante de ti. Él estará contigo; no te fallará ni te abandonará».

DEUTERONOMIO 31:8, NTV

SEPTIEMBRE   2026

19 — sábado

PRIORIDADES

SEPTIEMBRE 2026

D	L	M	M	J	V	S
		1	2	3	4	5
6	7	8	9	10	11	12
13	14	15	16	17	18	**19**
20	21	22	23	24	25	26
27	28	29	30			

7 am
8 am
9 am
10 am
11 am
12 am
1 pm
2 pm
3 pm
4 pm
5 pm
6 pm
7 pm
8 pm
9 pm

notas

«Entonces ustedes me invocarán, vendrán a suplicarme y yo los escucharé».

JEREMÍAS 29:12, NVI

2026 SEPTIEMBRE

domingo **20**

SEPTIEMBRE 2026

D	L	M	M	J	V	S
		1	2	3	4	5
6	7	8	9	10	11	12
13	14	15	16	17	18	19
20	21	22	23	24	25	26
27	28	29	30			

PRIORIDADES

7 am
8 am
9 am
10 am
11 am
12 am
1 pm
2 pm
3 pm
4 pm
5 pm
6 pm
7 pm
8 pm
9 pm

notas

«¡Fíjense qué gran amor nos ha dado el Padre, que se nos llame hijos de Dios! ¡Y lo somos!».

1 JUAN 3:1, NVI

SEPTIEMBRE   2026

21 *lunes*

PRIORIDADES

SEPTIEMBRE 2026

D	L	M	M	J	V	S
		1	2	3	4	5
6	7	8	9	10	11	12
13	14	15	16	17	18	19
20	21	22	23	24	25	26
27	28	29	30			

---

7 am

8 am

9 am

10 am

11 am

12 am

1 pm

2 pm

3 pm

4 pm

5 pm

6 pm

7 pm

8 pm

9 pm

notas

«Yo soy el buen pastor; el buen pastor su vida da por las ovejas».

JUAN 10:11, RVR60

2026 SEPTIEMBRE

SEPTIEMBRE 2026

D	L	M	M	J	V	S
		1	2	3	4	5
6	7	8	9	10	11	12
13	14	15	16	17	18	19
20	21	22	23	24	25	26
27	28	29	30			

martes **22**

PRIORIDADES

7 am
8 am
9 am
10 am
11 am
12 am
1 pm
2 pm
3 pm
4 pm
5 pm
6 pm
7 pm
8 pm
9 pm

notas

«De cierto os digo, que si tuviereis fe como un grano de mostaza, diréis a este monte: Pásate de aquí allá, y se pasará; y nada os será imposible».

MATEO 17:20, RVR60

SEPTIEMBRE   2026

23 miércoles

PRIORIDADES

SEPTIEMBRE 2026

D	L	M	M	J	V	S
		1	2	3	4	5
6	7	8	9	10	11	12
13	14	15	16	17	18	19
20	21	22	23	24	25	26
27	28	29	30			

7 am

8 am

9 am

10 am

11 am

12 am

1 pm

2 pm

3 pm

4 pm

5 pm

6 pm

7 pm

8 pm

9 pm

notas

«Ayúdense a llevar los unos las cargas de los otros, y obedezcan de esa manera la ley de Cristo».

GÁLATAS 6:2, NTV

2026

SEPTIEMBRE

jueves **24**

SEPTIEMBRE 2026

D	L	M	M	J	V	S
		1	2	3	4	5
6	7	8	9	10	11	12
13	14	15	16	17	18	19
20	21	22	23	24	25	26
27	28	29	30			

PRIORIDADES

7 am
8 am
9 am
10 am
11 am
12 am
1 pm
2 pm
3 pm
4 pm
5 pm
6 pm
7 pm
8 pm
9 pm

notas

«Fiel es Dios, quien los ha llamado a tener comunión con su Hijo Jesucristo, nuestro Señor».

1 CORINTIOS 1:9, NVI

SEPTIEMBRE 2026

25 viernes

PRIORIDADES

SEPTIEMBRE 2026

D	L	M	M	J	V	S
		1	2	3	4	5
6	7	8	9	10	11	12
13	14	15	16	17	18	19
20	21	22	23	24	**25**	26
27	28	29	30			

7 am
8 am
9 am
10 am
11 am
12 am
1 pm
2 pm
3 pm
4 pm
5 pm
6 pm
7 pm
8 pm
9 pm

notas

«El orgullo solo genera contiendas, pero la sabiduría está con quienes oyen consejos».

PROVERBIOS 13:10, NVI

2026 SEPTIEMBRE

SEPTIEMBRE 2026

D	L	M	M	J	V	S
		1	2	3	4	5
6	7	8	9	10	11	12
13	14	15	16	17	18	19
20	21	22	23	24	25	26
27	28	29	30			

sábado

26

PRIORIDADES

7 am
8 am
9 am
10 am
11 am
12 am
1 pm
2 pm
3 pm
4 pm
5 pm
6 pm
7 pm
8 pm
9 pm

notas

«Jesús les dijo: Yo soy el pan de vida; el que a mí viene, nunca tendrá hambre; y el que en mí cree, no tendrá sed jamás».

JUAN 6:35, RVR60

SEPTIEMBRE 2026

27 domingo

PRIORIDADES

SEPTIEMBRE 2026

D	L	M	M	J	V	S
		1	2	3	4	5
6	7	8	9	10	11	12
13	14	15	16	17	18	19
20	21	22	23	24	25	26
27	28	29	30			

7 am

8 am

9 am

10 am

11 am

12 am

1 pm

2 pm

3 pm

4 pm

5 pm

6 pm

7 pm

8 pm

9 pm

notas

«Él revela lo profundo y lo escondido; conoce lo que está en tinieblas, y con él mora la luz».

DANIEL 2:22, RVR60

2026　　　　　　　　　　　　　　　　SEPTIEMBRE

lunes **28**

SEPTIEMBRE 2026

D	L	M	M	J	V	S
		1	2	3	4	5
6	7	8	9	10	11	12
13	14	15	16	17	18	19
20	21	22	23	24	25	26
27	28	29	30			

PRIORIDADES

7 am

8 am

9 am

10 am

11 am

12 am

1 pm

2 pm

3 pm

4 pm

5 pm

6 pm

7 pm

8 pm

9 pm

notas

«Dichoso el que resiste la tentación porque, al salir aprobado, recibirá la corona de la vida que el Señor ha prometido a quienes lo aman».

SANTIAGO 1:12, NVI

SEPTIEMBRE 2026

29 martes

PRIORIDADES

SEPTIEMBRE 2026

D	L	M	M	J	V	S
		1	2	3	4	5
6	7	8	9	10	11	12
13	14	15	16	17	18	19
20	21	22	23	24	25	26
27	28	29	30			

7 am
8 am
9 am
10 am
11 am
12 am
1 pm
2 pm
3 pm
4 pm
5 pm
6 pm
7 pm
8 pm
9 pm

notas

«¿Por qué estás tan abatida, alma mía? ¿Por qué estás tan angustiada? En Dios pondré mi esperanza y lo seguiré alabando».

SALMO 42:5, NVI

2026 SEPTIEMBRE

miércoles

30

SEPTIEMBRE 2026

D	L	M	M	J	V	S
		1	2	3	4	5
6	7	8	9	10	11	12
13	14	15	16	17	18	19
20	21	22	23	24	25	26
27	28	29	30			

PRIORIDADES

7 am
8 am
9 am
10 am
11 am
12 am
1 pm
2 pm
3 pm
4 pm
5 pm
6 pm
7 pm
8 pm
9 pm

notas

«Porque para mí el vivir es Cristo, y el morir es ganancia».

FILIPENSES 1:21, RVR60

notas

Octubre

«¡Así que sé fuerte y valiente! No tengas miedo ni sientas pánico frente a ellos, porque el Señor tu Dios, él mismo irá delante de ti. No te fallará ni te abandonará».

DEUTERONOMIO 31:6, NTV

Octubre 2026

DOMINGO	LUNES	MARTES	MIÉRCOLES
4	5	6	7
11	12	13	14
18	19	20	21
25	26	27	28

JUEVES	VIERNES	SÁBADO	notas
1	2	3	
8	9	10	
15	16	17	
22	23	24	
29	30	31	

SEPTIEMBRE 2026

D	L	M	M	J	V	S
		1	2	3	4	5
6	7	8	9	10	11	12
13	14	15	16	17	18	19
20	21	22	23	24	25	26
27	28	29	30			

NOVIEMBRE 2026

D	L	M	M	J	V	S
1	2	3	4	5	6	7
8	9	10	11	12	13	14
15	16	17	18	19	20	21
22	23	24	25	26	27	28
29	30					

Plan mensual

PRIORIDADES DEL MES

....
....
....
....
....
....
....
....

OBJETIVOS PERSONALES	OBJETIVOS GENERALES
....	....
....	....
....	....
....	....
....	....
....	....
....	....
....	....

Presupuesto mensual

CUENTAS	FECHA	CANTIDAD	PAGO	BALANCE

«Las riquezas mal habidas no sirven de nada».
PROVERBIOS 10:2, NVI

TOTAL

OCTUBRE 2026

01 jueves

PRIORIDADES

OCTUBRE 2026

D	L	M	M	J	V	S
				1	2	3
4	5	6	7	8	9	10
11	12	13	14	15	16	17
18	19	20	21	22	23	24
25	26	27	28	29	30	31

7 am
8 am
9 am
10 am
11 am
12 am
1 pm
2 pm
3 pm
4 pm
5 pm
6 pm
7 pm
8 pm
9 pm

notas

«Muchos son los planes en el corazón de las personas, pero al final prevalecen los designios del Señor».

PROVERBIOS 19:21, NVI

2026　　　　　　　　　　　　　　OCTUBRE

OCTUBRE 2026

D	L	M	M	J	V	S
					1	2	3
4	5	6	7	8	9	10
11	12	13	14	15	16	17
18	19	20	21	22	23	24
25	26	27	28	29	30	31

viernes **02**

PRIORIDADES

7 am

8 am

9 am

10 am

11 am

12 am

1 pm

2 pm

3 pm

4 pm

5 pm

6 pm

7 pm

8 pm

9 pm

notas

«Sabemos que nuestro antiguo ser pecaminoso fue crucificado con Cristo para que el pecado perdiera su poder en nuestra vida. Ya no somos esclavos del pecado».

ROMANOS 6:6, NTV

OCTUBRE 2026

03 sábado

PRIORIDADES

OCTUBRE 2026

D	L	M	M	J	V	S
				1	2	3
4	5	6	7	8	9	10
11	12	13	14	15	16	17
18	19	20	21	22	23	24
25	26	27	28	29	30	31

7 am
8 am
9 am
10 am
11 am
12 am
1 pm
2 pm
3 pm
4 pm
5 pm
6 pm
7 pm
8 pm
9 pm

notas

«Pues ni aun el Hijo del Hombre vino para que le sirvan, sino para servir a otros y para dar su vida en rescate por muchos».

MATEO 20:28, NTV

2026 OCTUBRE

OCTUBRE 2026

D	L	M	M	J	V	S
				1	2	3
4	5	6	7	8	9	10
11	12	13	14	15	16	17
18	19	20	21	22	23	24
25	26	27	28	29	30	31

domingo **04**

PRIORIDADES

7 am
8 am
9 am
10 am
11 am
12 am
1 pm
2 pm
3 pm
4 pm
5 pm
6 pm
7 pm
8 pm
9 pm

notas

«Si alguno me sirve, sígame; y donde yo estuviere, allí también estará mi servidor. Si alguno me sirviere, mi Padre le honrará».

JUAN 12:26, RVR60

OCTUBRE 2026

05 lunes

PRIORIDADES

OCTUBRE 2026

D	L	M	M	J	V	S
				1	2	3
4	5	6	7	8	9	10
11	12	13	14	15	16	17
18	19	20	21	22	23	24
25	26	27	28	29	30	31

7 am

8 am

9 am

10 am

11 am

12 am

1 pm

2 pm

3 pm

4 pm

5 pm

6 pm

7 pm

8 pm

9 pm

notas

«Si fuéremos infieles, él permanece fiel; él no puede negarse a sí mismo».

2 TIMOTEO 2:13, RVR60

2026 OCTUBRE

OCTUBRE 2026

D	L	M	M	J	V	S
				1	2	3
4	5	6	7	8	9	10
11	12	13	14	15	16	17
18	19	20	21	22	23	24
25	26	27	28	29	30	31

martes **06**

PRIORIDADES

7 am
8 am
9 am
10 am
11 am
12 am
1 pm
2 pm
3 pm
4 pm
5 pm
6 pm
7 pm
8 pm
9 pm

notas

«No les tengas miedo [...], porque te he dado la victoria. Ni uno de ellos podrá hacerte frente».

JOSUÉ 10:8, NTV

OCTUBRE　　　　　　　　　　　　　　　　　　　　2026

07　*miércoles*

PRIORIDADES

OCTUBRE 2026

D	L	M	M	J	V	S
				1	2	3
4	5	6	7	8	9	10
11	12	13	14	15	16	17
18	19	20	21	22	23	24
25	26	27	28	29	30	31

7 am

8 am

9 am

10 am

11 am

12 am

1 pm

2 pm

3 pm

4 pm

5 pm

6 pm

7 pm

8 pm

9 pm

notas

«Confío en Dios y alabo su palabra;
confío en Dios y no siento miedo.
¿Qué puede hacerme un simple mortal?».

SALMO 56:4, NVI

2026 OCTUBRE

jueves **08**

OCTUBRE 2026

D	L	M	M	J	V	S
				1	2	3
4	5	6	7	8	9	10
11	12	13	14	15	16	17
18	19	20	21	22	23	24
25	26	27	28	29	30	31

PRIORIDADES

7 am
8 am
9 am
10 am
11 am
12 am
1 pm
2 pm
3 pm
4 pm
5 pm
6 pm
7 pm
8 pm
9 pm

notas

«Y sabemos que a los que aman a Dios, todas las cosas les ayudan a bien, esto es, a los que conforme a su propósito son llamados».

ROMANOS 8:28, RVR60

OCTUBRE 2026

09 viernes

PRIORIDADES

OCTUBRE 2026

D	L	M	M	J	V	S
				1	2	3
4	5	6	7	8	9	10
11	12	13	14	15	16	17
18	19	20	21	22	23	24
25	26	27	28	29	30	31

7 am

8 am

9 am

10 am

11 am

12 am

1 pm

2 pm

3 pm

4 pm

5 pm

6 pm

7 pm

8 pm

9 pm

notas

«El Señor es sol y escudo; Dios nos concede honor y gloria. El Señor no niega sus bondades a los que se conducen con integridad».

PROVERBIOS 2:7-8, NVI

2026 OCTUBRE

OCTUBRE 2026

D	L	M	M	J	V	S
				1	2	3
4	5	6	7	8	9	10
11	12	13	14	15	16	17
18	19	20	21	22	23	24
25	26	27	28	29	30	31

sábado **10**

PRIORIDADES

7 am
8 am
9 am
10 am
11 am
12 am
1 pm
2 pm
3 pm
4 pm
5 pm
6 pm
7 pm
8 pm
9 pm

notas

«Aprendan a hacer el bien. Busquen la justicia y ayuden a los oprimidos. Defiendan la causa de los huérfanos y luchen por los derechos de las viudas».

ISAÍAS 1:17, NTV

OCTUBRE　　　　　　　　　　　　　　　　2026

11 *domingo*

PRIORIDADES

OCTUBRE 2026

D	L	M	M	J	V	S
				1	2	3
4	5	6	7	8	9	10
11	12	13	14	15	16	17
18	19	20	21	22	23	24
25	26	27	28	29	30	31

- 7 am
- 8 am
- 9 am
- 10 am
- 11 am
- 12 am
- 1 pm
- 2 pm
- 3 pm
- 4 pm
- 5 pm
- 6 pm
- 7 pm
- 8 pm
- 9 pm

notas

«Esta esperanza es un ancla firme y confiable para el alma; nos conduce a través de la cortina al santuario interior de Dios».

HEBREOS 6:19, NTV

2026   **OCTUBRE**

lunes **12**

OCTUBRE 2026

D	L	M	M	J	V	S
				1	2	3
4	5	6	7	8	9	10
11	12	13	14	15	16	17
18	19	20	21	22	23	24
25	26	27	28	29	30	31

PRIORIDADES

7 am
8 am
9 am
10 am
11 am
12 am
1 pm
2 pm
3 pm
4 pm
5 pm
6 pm
7 pm
8 pm
9 pm

notas

«Ponte de pie en la presencia de los ancianos y muestra respeto por las personas de edad. Teme a tu Dios. Yo soy el Señor».

LEVÍTICO 19:32, NTV

OCTUBRE 2026

13 martes

PRIORIDADES

OCTUBRE 2026

D	L	M	M	J	V	S
				1	2	3
4	5	6	7	8	9	10
11	12	13	14	15	16	17
18	19	20	21	22	23	24
25	26	27	28	29	30	31

7 am
8 am
9 am
10 am
11 am
12 am
1 pm
2 pm
3 pm
4 pm
5 pm
6 pm
7 pm
8 pm
9 pm

notas

«Esta es la promesa que él nos dio: la vida eterna».

1 JUAN 2:25, NVI

2026   **OCTUBRE**

miércoles

14

OCTUBRE 2026

D	L	M	M	J	V	S
				1	2	3
4	5	6	7	8	9	10
11	12	13	14	15	16	17
18	19	20	21	22	23	24
25	26	27	28	29	30	31

PRIORIDADES

7 am
8 am
9 am
10 am
11 am
12 am
1 pm
2 pm
3 pm
4 pm
5 pm
6 pm
7 pm
8 pm
9 pm

notas

«El fruto del Espíritu es amor, alegría, paz, paciencia, amabilidad, bondad, fidelidad, humildad y dominio propio. No hay ley que condene estas cosas».

GÁLATAS 5:22-23, NVI

OCTUBRE 2026

15 jueves

PRIORIDADES

OCTUBRE 2026

D	L	M	M	J	V	S
				1	2	3
4	5	6	7	8	9	10
11	12	13	14	**15**	16	17
18	19	20	21	22	23	24
25	26	27	28	29	30	31

7 am
8 am
9 am
10 am
11 am
12 am
1 pm
2 pm
3 pm
4 pm
5 pm
6 pm
7 pm
8 pm
9 pm

notas

«La sabiduría que es de lo alto es primeramente pura, después pacífica, amable, benigna, llena de misericordia y de buenos frutos, sin incertidumbre ni hipocresía».

SANTIAGO 3:17, RVR60

2026 OCTUBRE

OCTUBRE 2026

D	L	M	M	J	V	S
				1	2	3
4	5	6	7	8	9	10
11	12	13	14	15	16	17
18	19	20	21	22	23	24
25	26	27	28	29	30	31

viernes **16**

PRIORIDADES

7 am
8 am
9 am
10 am
11 am
12 am
1 pm
2 pm
3 pm
4 pm
5 pm
6 pm
7 pm
8 pm
9 pm

notas

«Porque no nos ha dado Dios espíritu de cobardía, sino de poder, de amor y de dominio propio».

2 TIMOTEO 1:7, RVR60

OCTUBRE 2026

17 sábado

PRIORIDADES

OCTUBRE 2026

D	L	M	M	J	V	S
				1	2	3
4	5	6	7	8	9	10
11	12	13	14	15	16	17
18	19	20	21	22	23	24
25	26	27	28	29	30	31

7 am
8 am
9 am
10 am
11 am
12 am
1 pm
2 pm
3 pm
4 pm
5 pm
6 pm
7 pm
8 pm
9 pm

notas

«Es, pues, la fe la certeza de lo que se espera, la convicción de lo que no se ve».

HEBREOS 11:1, RVR60

2026

OCTUBRE

OCTUBRE 2026

D	L	M	M	J	V	S
				1	2	3
4	5	6	7	8	9	10
11	12	13	14	15	16	17
18	19	20	21	22	23	24
25	26	27	28	29	30	31

domingo **18**

PRIORIDADES

7 am

8 am

9 am

10 am

11 am

12 am

1 pm

2 pm

3 pm

4 pm

5 pm

6 pm

7 pm

8 pm

9 pm

notas

«Y ahora, Señor, ¿qué esperaré? Mi esperanza está en ti».

SALMO 39:7, RVR60

OCTUBRE 2026

19 lunes

PRIORIDADES

OCTUBRE 2026

D	L	M	M	J	V	S
				1	2	3
4	5	6	7	8	9	10
11	12	13	14	15	16	17
18	19	20	21	22	23	24
25	26	27	28	29	30	31

7 am
8 am
9 am
10 am
11 am
12 am
1 pm
2 pm
3 pm
4 pm
5 pm
6 pm
7 pm
8 pm
9 pm

notas

«Si confesamos nuestros pecados, Dios, que es fiel y justo, nos los perdonará y nos limpiará de toda maldad».

1 JUAN 1:9, NVI

2026

OCTUBRE

OCTUBRE 2026

D	L	M	M	J	V	S
				1	2	3
4	5	6	7	8	9	10
11	12	13	14	15	16	17
18	19	20	21	22	23	24
25	26	27	28	29	30	31

martes

20

PRIORIDADES

7 am
8 am
9 am
10 am
11 am
12 am
1 pm
2 pm
3 pm
4 pm
5 pm
6 pm
7 pm
8 pm
9 pm

notas

«Ama al Señor tu Dios con todo tu corazón, con toda tu alma y con toda tu mente».

MATEO 22:37, NVI

OCTUBRE　　　　　　　　　　　　　　　　　2026

21　miércoles

OCTUBRE 2026

D	L	M	M	J	V	S
				1	2	3
4	5	6	7	8	9	10
11	12	13	14	15	16	17
18	19	20	21	22	23	24
25	26	27	28	29	30	31

PRIORIDADES

7 am

8 am

9 am

10 am

11 am

12 am

1 pm

2 pm

3 pm

4 pm

5 pm

6 pm

7 pm

8 pm

9 pm

notas

«No te afanes por hacerte rico; sé prudente, y desiste».

PROVERBIOS 23:4, RVR60

2026

OCTUBRE

jueves **22**

OCTUBRE 2026

D	L	M	M	J	V	S
				1	2	3
4	5	6	7	8	9	10
11	12	13	14	15	16	17
18	19	20	21	22	23	24
25	26	27	28	29	30	31

PRIORIDADES

7 am
8 am
9 am
10 am
11 am
12 am
1 pm
2 pm
3 pm
4 pm
5 pm
6 pm
7 pm
8 pm
9 pm

notas

«Hasta ahora no han pedido nada en mi nombre. Pidan y recibirán para que su alegría sea completa».

JUAN 16:24, NVI

OCTUBRE 2026

23 viernes

PRIORIDADES

OCTUBRE 2026

D	L	M	M	J	V	S
				1	2	3
4	5	6	7	8	9	10
11	12	13	14	15	16	17
18	19	20	21	22	23	24
25	26	27	28	29	30	31

7 am
8 am
9 am
10 am
11 am
12 am
1 pm
2 pm
3 pm
4 pm
5 pm
6 pm
7 pm
8 pm
9 pm

notas

«Esmérate en seguir la justicia, la devoción, la fe, el amor, la constancia y la humildad».

1 TIMOTEO 6:11, NVI

2026

OCTUBRE

OCTUBRE 2026

D	L	M	M	J	V	S
				1	2	3
4	5	6	7	8	9	10
11	12	13	14	15	16	17
18	19	20	21	22	23	24
25	26	27	28	29	30	31

PRIORIDADES

sábado **24**

7 am
8 am
9 am
10 am
11 am
12 am
1 pm
2 pm
3 pm
4 pm
5 pm
6 pm
7 pm
8 pm
9 pm

notas

«Pero cuando tenga miedo, en ti pondré mi confianza».

SALMO 56:3, NTV

OCTUBRE 2026

25 domingo

PRIORIDADES

OCTUBRE 2026

D	L	M	M	J	V	S
				1	2	3
4	5	6	7	8	9	10
11	12	13	14	15	16	17
18	19	20	21	22	23	24
25	26	27	28	29	30	31

7 am
8 am
9 am
10 am
11 am
12 am
1 pm
2 pm
3 pm
4 pm
5 pm
6 pm
7 pm
8 pm
9 pm

notas

«Así que la fe viene como resultado de oír el mensaje y el mensaje que se oye es la palabra de Cristo».

ROMANOS 10:17, NVI

2026 OCTUBRE

lunes **26**

OCTUBRE 2026

D	L	M	M	J	V	S
				1	2	3
4	5	6	7	8	9	10
11	12	13	14	15	16	17
18	19	20	21	22	23	24
25	26	27	28	29	30	31

PRIORIDADES

7 am
8 am
9 am
10 am
11 am
12 am
1 pm
2 pm
3 pm
4 pm
5 pm
6 pm
7 pm
8 pm
9 pm

notas

«Les daré pastores conforme a mi corazón para que los guíen con sabiduría y entendimiento».

JEREMÍAS 3:15, NVI

OCTUBRE 2026

27 martes

PRIORIDADES

OCTUBRE 2026

D	L	M	M	J	V	S
				1	2	3
4	5	6	7	8	9	10
11	12	13	14	15	16	17
18	19	20	21	22	23	24
25	26	**27**	28	29	30	31

7 am

8 am

9 am

10 am

11 am

12 am

1 pm

2 pm

3 pm

4 pm

5 pm

6 pm

7 pm

8 pm

9 pm

notas

«Incluso antes de haber hecho el mundo, Dios nos amó y nos eligió en Cristo para que seamos santos e intachables a sus ojos».

EFESIOS 1:4, NTV

2026

OCTUBRE

OCTUBRE 2026

D	L	M	M	J	V	S
				1	2	3
4	5	6	7	8	9	10
11	12	13	14	15	16	17
18	19	20	21	22	23	24
25	26	27	28	29	30	31

miércoles

28

PRIORIDADES

7 am
8 am
9 am
10 am
11 am
12 am
1 pm
2 pm
3 pm
4 pm
5 pm
6 pm
7 pm
8 pm
9 pm

notas

«Tú guardarás en completa paz a aquel cuyo pensamiento en ti persevera; porque en ti ha confiado».

ISAÍAS 26:3, RVR60

OCTUBRE 2026

29 jueves

PRIORIDADES

OCTUBRE 2026

D	L	M	M	J	V	S
				1	2	3
4	5	6	7	8	9	10
11	12	13	14	15	16	17
18	19	20	21	22	23	24
25	26	27	28	29	30	31

7 am
8 am
9 am
10 am
11 am
12 am
1 pm
2 pm
3 pm
4 pm
5 pm
6 pm
7 pm
8 pm
9 pm

notas

«No he venido a llamar a justos, sino a pecadores al arrepentimiento».

LUCAS 5:32, RVR60

2026　　　　　　　　　　　　　　　　OCTUBRE

OCTUBRE 2026

D	L	M	M	J	V	S
				1	2	3
4	5	6	7	8	9	10
11	12	13	14	15	16	17
18	19	20	21	22	23	24
25	26	27	28	29	30	31

viernes
30

PRIORIDADES

7 am

8 am

9 am

10 am

11 am

12 am

1 pm

2 pm

3 pm

4 pm

5 pm

6 pm

7 pm

8 pm

9 pm

notas

«Cuando pases por las aguas, yo estaré contigo; y si por los ríos, no te anegarán. Cuando pases por el fuego, no te quemarás, ni la llama arderá en ti».

ISAÍAS 43:2, RVR60

OCTUBRE 2026

31 sábado

PRIORIDADES

OCTUBRE 2026

D	L	M	M	J	V	S
				1	2	3
4	5	6	7	8	9	10
11	12	13	14	15	16	17
18	19	20	21	22	23	24
25	26	27	28	29	30	**31**

7 am

8 am

9 am

10 am

11 am

12 am

1 pm

2 pm

3 pm

4 pm

5 pm

6 pm

7 pm

8 pm

9 pm

notas

«Dado que has obedecido mi mandato de perseverar, yo te protegeré del gran tiempo de prueba que vendrá sobre el mundo entero para probar a los que pertenecen a este mundo».

APOCALIPSIS 3:10, NTV

Noviembre

«¡Den gracias al Señor porque él es bueno;
su gran amor perdura para siempre!».

SALMO 107:1, NVI

Noviembre 2026

DOMINGO	LUNES	MARTES	MIÉRCOLES
1	2	3	4
8	9	10	11
15	16	17	18
22	23	24	25
29	30		

JUEVES	VIERNES	SÁBADO	notas
5	6	7	
12	13	14	
19	20	21	
26	27	28	

OCTUBRE 2026

D	L	M	M	J	V	S
				1	2	3
4	5	6	7	8	9	10
11	12	13	14	15	16	17
18	19	20	21	22	23	24
25	26	27	28	29	30	31

DICIEMBRE 2026

D	L	M	M	J	V	S
		1	2	3	4	5
6	7	8	9	10	11	12
13	14	15	16	17	18	19
20	21	22	23	24	25	26
27	28	29	30	31		

Plan mensual

PRIORIDADES DEL MES

....
....
....
....
....
....
....
....

OBJETIVOS PERSONALES   OBJETIVOS GENERALES

Presupuesto mensual

CUENTAS	FECHA	CANTIDAD	PAGO	BALANCE

«Los justos dan con generosidad».
SALMO 37:21, NTV

TOTAL

NOVIEMBRE   2026

01 — *domingo*

PRIORIDADES

NOVIEMBRE 2026

D	L	M	M	J	V	S
1	2	3	4	5	6	7
8	9	10	11	12	13	14
15	16	17	18	19	20	21
22	23	24	25	26	27	28
29	30					

---

7 am

8 am

9 am

10 am

11 am

12 am

1 pm

2 pm

3 pm

4 pm

5 pm

6 pm

7 pm

8 pm

9 pm

---

notas

«Otra vez Jesús les habló, diciendo: Yo soy la luz del mundo; el que me sigue, no andará en tinieblas, sino que tendrá la luz de la vida».

JUAN 8:12, RVR60

2026 NOVIEMBRE

NOVIEMBRE 2026

D	L	M	M	J	V	S
1	2	3	4	5	6	7
8	9	10	11	12	13	14
15	16	17	18	19	20	21
22	23	24	25	26	27	28
29	30					

lunes **02**

PRIORIDADES

7 am
8 am
9 am
10 am
11 am
12 am
1 pm
2 pm
3 pm
4 pm
5 pm
6 pm
7 pm
8 pm
9 pm

notas

«Sean agradecidos en toda circunstancia, pues esta es la voluntad de Dios para ustedes, los que pertenecen a Cristo Jesús».

1 TESALONICENSES 5:18, NTV

NOVIEMBRE 2026

03 *martes*

PRIORIDADES

....
....
....
....
....

NOVIEMBRE 2026

D	L	M	M	J	V	S
1	2	3	4	5	6	7
8	9	10	11	12	13	14
15	16	17	18	19	20	21
22	23	24	25	26	27	28
29	30					

7 am
8 am
9 am
10 am
11 am
12 am
1 pm
2 pm
3 pm
4 pm
5 pm
6 pm
7 pm
8 pm
9 pm

notas

«Pongan todas sus preocupaciones y ansiedades en las manos de Dios, porque él cuida de ustedes».

1 PEDRO 5:7, NTV

2026 **NOVIEMBRE**

NOVIEMBRE 2026

D	L	M	M	J	V	S
1	2	3	4	5	6	7
8	9	10	11	12	13	14
15	16	17	18	19	20	21
22	23	24	25	26	27	28
29	30					

miércoles **04**

PRIORIDADES

- 7 am
- 8 am
- 9 am
- 10 am
- 11 am
- 12 am
- 1 pm
- 2 pm
- 3 pm
- 4 pm
- 5 pm
- 6 pm
- 7 pm
- 8 pm
- 9 pm

notas

«Yo conozco que todo lo puedes,
y que no hay pensamiento que
se esconda de ti».

JOB 42:2, RVR60

NOVIEMBRE 2026

05 — *jueves*

PRIORIDADES

NOVIEMBRE 2026

D	L	M	M	J	V	S
1	2	3	4	5	6	7
8	9	10	11	12	13	14
15	16	17	18	19	20	21
22	23	24	25	26	27	28
29	30					

7 am
8 am
9 am
10 am
11 am
12 am
1 pm
2 pm
3 pm
4 pm
5 pm
6 pm
7 pm
8 pm
9 pm

notas

«Por lo demás, hermanos míos, fortaleceos en el Señor, y en el poder de su fuerza».

EFESIOS 6:10, RVR60

2026 NOVIEMBRE

NOVIEMBRE 2026

D	L	M	M	J	V	S
1	2	3	4	5	6	7
8	9	10	11	12	13	14
15	16	17	18	19	20	21
22	23	24	25	26	27	28
29	30					

viernes **06**

PRIORIDADES

7 am
8 am
9 am
10 am
11 am
12 am
1 pm
2 pm
3 pm
4 pm
5 pm
6 pm
7 pm
8 pm
9 pm

notas

«Así dice el Señor y Dios, el Santo de Israel: "En el arrepentimiento y la calma está su salvación, en la serenidad y la confianza está su fuerza"».

ISAÍAS 30:15, NVI

NOVIEMBRE 2026

07 sábado

PRIORIDADES

NOVIEMBRE 2026

D	L	M	M	J	V	S
1	2	3	4	5	6	7
8	9	10	11	12	13	14
15	16	17	18	19	20	21
22	23	24	25	26	27	28
29	30					

7 am
8 am
9 am
10 am
11 am
12 am
1 pm
2 pm
3 pm
4 pm
5 pm
6 pm
7 pm
8 pm
9 pm

notas

«Él da esfuerzo al cansado, y multiplica las fuerzas al que no tiene ningunas».

ISAÍAS 40:29, RVR60

2026 NOVIEMBRE

NOVIEMBRE 2026

D	L	M	M	J	V	S
1	2	3	4	5	6	7
8	9	10	11	12	13	14
15	16	17	18	19	20	21
22	23	24	25	26	27	28
29	30					

domingo **08**

PRIORIDADES

7 am
8 am
9 am
10 am
11 am
12 am
1 pm
2 pm
3 pm
4 pm
5 pm
6 pm
7 pm
8 pm
9 pm

notas

«Panal de miel son las palabras amables: endulzan la vida y dan salud al cuerpo».

PROVERBIOS 16:24, NVI

NOVIEMBRE   2026

09 *lunes*

PRIORIDADES

NOVIEMBRE 2026

D	L	M	M	J	V	S
1	2	3	4	5	6	7
8	9	10	11	12	13	14
15	16	17	18	19	20	21
22	23	24	25	26	27	28
29	30					

7 am
8 am
9 am
10 am
11 am
12 am
1 pm
2 pm
3 pm
4 pm
5 pm
6 pm
7 pm
8 pm
9 pm

notas

«Es mejor refugiarse en el Señor que confiar en gente poderosa».

SALMO 118:9, NVI

2026

NOVIEMBRE

martes **10**

NOVIEMBRE 2026

D	L	M	M	J	V	S
	1	2	3	4	5	6	7
8	9	10	11	12	13	14
15	16	17	18	19	20	21
22	23	24	25	26	27	28
29	30					

PRIORIDADES

- 7 am
- 8 am
- 9 am
- 10 am
- 11 am
- 12 am
- 1 pm
- 2 pm
- 3 pm
- 4 pm
- 5 pm
- 6 pm
- 7 pm
- 8 pm
- 9 pm

notas

«¡Te alabo porque soy una creación admirable! ¡Tus obras son maravillosas y esto lo sé muy bien!».

SALMO 139:14, NVI

NOVIEMBRE 2026

11 miércoles

PRIORIDADES

....
....
....
....

NOVIEMBRE 2026

D	L	M	M	J	V	S
	1	2	3	4	5	6	7
8	9	10	11	12	13	14
15	16	17	18	19	20	21
22	23	24	25	26	27	28
29	30

---

7 am
8 am
9 am
10 am
11 am
12 am
1 pm
2 pm
3 pm
4 pm
5 pm
6 pm
7 pm
8 pm
9 pm

notas

«Clama a mí, y yo te responderé,
y te enseñaré cosas grandes
y ocultas que tú no conoces».

JEREMÍAS 33:3, RVR60

2026 NOVIEMBRE

NOVIEMBRE 2026

D	L	M	M	J	V	S
1	2	3	4	5	6	7
8	9	10	11	12	13	14
15	16	17	18	19	20	21
22	23	24	25	26	27	28
29	30					

jueves **12**

PRIORIDADES

7 am
8 am
9 am
10 am
11 am
12 am
1 pm
2 pm
3 pm
4 pm
5 pm
6 pm
7 pm
8 pm
9 pm

notas

«Dios mostró el gran amor que nos tiene al enviar a Cristo a morir por nosotros cuando todavía éramos pecadores».

ROMANOS 5:8, NTV

NOVIEMBRE   2026

13 *viernes*

PRIORIDADES

NOVIEMBRE 2026

D	L	M	M	J	V	S
1	2	3	4	5	6	7
8	9	10	11	12	**13**	14
15	16	17	18	19	20	21
22	23	24	25	26	27	28
29	30					

7 am
8 am
9 am
10 am
11 am
12 am
1 pm
2 pm
3 pm
4 pm
5 pm
6 pm
7 pm
8 pm
9 pm

notas

«Aunque ande en valle de sombra de muerte, no temeré mal alguno, porque tú estarás conmigo; tu vara y tu cayado me infundirán aliento».

SALMO 23:4, RVR60

2026 NOVIEMBRE

sábado **14**

NOVIEMBRE 2026

D	L	M	M	J	V	S
	1	2	3	4	5	6	7
8	9	10	11	12	13	14
15	16	17	18	19	20	21
22	23	24	25	26	27	28
29	30

PRIORIDADES

7 am
8 am
9 am
10 am
11 am
12 am
1 pm
2 pm
3 pm
4 pm
5 pm
6 pm
7 pm
8 pm
9 pm

notas

«Recompensa de la humildad y del temor del S<small>EÑOR</small> son las riquezas, la honra y la vida».

PROVERBIOS 22:4, NVI

NOVIEMBRE 2026

15 domingo

PRIORIDADES

NOVIEMBRE 2026

D	L	M	M	J	V	S
1	2	3	4	5	6	7
8	9	10	11	12	13	14
15	16	17	18	19	20	21
22	23	24	25	26	27	28
29	30					

7 am
8 am
9 am
10 am
11 am
12 am
1 pm
2 pm
3 pm
4 pm
5 pm
6 pm
7 pm
8 pm
9 pm

notas

«¿Qué te pide el Señor tu Dios? Simplemente que le temas y andes en todos sus caminos, que lo ames y le sirvas con todo tu corazón».

DEUTERONOMIO 10:12, NVI

2026   **NOVIEMBRE**

lunes **16**

NOVIEMBRE 2026

D	L	M	M	J	V	S
1	2	3	4	5	6	7
8	9	10	11	12	13	14
15	16	17	18	19	20	21
22	23	24	25	26	27	28
29	30					

PRIORIDADES

7 am
8 am
9 am
10 am
11 am
12 am
1 pm
2 pm
3 pm
4 pm
5 pm
6 pm
7 pm
8 pm
9 pm

notas

«Ahora bien, es evidente que por la Ley nadie es justificado delante de Dios, porque "el justo vivirá por la fe"».

GÁLATAS 3:11, NVI

NOVIEMBRE 2026

17 martes

PRIORIDADES

NOVIEMBRE 2026

D	L	M	M	J	V	S
						1
2	3	4	5	6	7	
8	9	10	11	12	13	14
15	16	17	18	19	20	21
22	23	24	25	26	27	28
29	30					

7 am
8 am
9 am
10 am
11 am
12 am
1 pm
2 pm
3 pm
4 pm
5 pm
6 pm
7 pm
8 pm
9 pm

notas

«Llámame cuando tengas problemas, y yo te rescataré, y tú me darás la gloria».

SALMO 50:15, NTV

2026 NOVIEMBRE

miércoles **18**

NOVIEMBRE 2026

D	L	M	M	J	V	S
1	2	3	4	5	6	7
8	9	10	11	12	13	14
15	16	17	18	19	20	21
22	23	24	25	26	27	28
29	30					

PRIORIDADES

7 am
8 am
9 am
10 am
11 am
12 am
1 pm
2 pm
3 pm
4 pm
5 pm
6 pm
7 pm
8 pm
9 pm

notas

«Humíllense, pues, bajo la poderosa mano de Dios para que él los exalte a su debido tiempo».

1 PEDRO 5:6, NVI

NOVIEMBRE 2026

19 jueves

PRIORIDADES

NOVIEMBRE 2026

D	L	M	M	J	V	S
1	2	3	4	5	6	7
8	9	10	11	12	13	14
15	16	17	18	19	20	21
22	23	24	25	26	27	28
29	30					

7 am
8 am
9 am
10 am
11 am
12 am
1 pm
2 pm
3 pm
4 pm
5 pm
6 pm
7 pm
8 pm
9 pm

notas

«Porque tú, Señor, eres bueno y perdonador, y grande en misericordia para con todos los que te invocan».

SALMO 86:5, RVR60

2026 NOVIEMBRE

viernes 20

NOVIEMBRE 2026

D	L	M	M	J	V	S
1	2	3	4	5	6	7
8	9	10	11	12	13	14
15	16	17	18	19	20	21
22	23	24	25	26	27	28
29	30					

PRIORIDADES

7 am
8 am
9 am
10 am
11 am
12 am
1 pm
2 pm
3 pm
4 pm
5 pm
6 pm
7 pm
8 pm
9 pm

notas

«Y todo lo que hagan, de palabra o de obra, háganlo en el nombre del Señor Jesús, dando gracias a Dios el Padre por medio de él».

COLOSENSES 3:17, NVI

NOVIEMBRE 2026

21 sábado

PRIORIDADES

NOVIEMBRE 2026

D	L	M	M	J	V	S
1	2	3	4	5	6	7
8	9	10	11	12	13	14
15	16	17	18	19	20	21
22	23	24	25	26	27	28
29	30					

7 am
8 am
9 am
10 am
11 am
12 am
1 pm
2 pm
3 pm
4 pm
5 pm
6 pm
7 pm
8 pm
9 pm

notas

«Ahora bien, el Señor es el Espíritu, y donde está el Espíritu del Señor, allí hay libertad».

2 CORINTIOS 3:17, NVI

2026 NOVIEMBRE

domingo **22**

NOVIEMBRE 2026

D	L	M	M	J	V	S
						7
1	2	3	4	5	6	7
8	9	10	11	12	13	14
15	16	17	18	19	20	21
22	23	24	25	26	27	28
29	30					

PRIORIDADES

7 am
8 am
9 am
10 am
11 am
12 am
1 pm
2 pm
3 pm
4 pm
5 pm
6 pm
7 pm
8 pm
9 pm

notas

«De ti proceden la riqueza y el honor; tú lo gobiernas todo. En tus manos están la fuerza y el poder; y eres tú quien engrandece y fortalece a todos».

1 CRÓNICAS 29:12, NVI

NOVIEMBRE 2026

23 lunes

PRIORIDADES

NOVIEMBRE 2026

D	L	M	M	J	V	S
1	2	3	4	5	6	7
8	9	10	11	12	13	14
15	16	17	18	19	20	21
22	23	24	25	26	27	28
29	30					

7 am
8 am
9 am
10 am
11 am
12 am
1 pm
2 pm
3 pm
4 pm
5 pm
6 pm
7 pm
8 pm
9 pm

notas

«Pero yo siempre tendré esperanza
y más y más te alabaré».

SALMO 71:14, NVI

2026 NOVIEMBRE

NOVIEMBRE 2026

D	L	M	M	J	V	S
	1	2	3	4	5	6	7
8	9	10	11	12	13	14
15	16	17	18	19	20	21
22	23	24	25	26	27	28
29	30

martes

24

PRIORIDADES

7 am
8 am
9 am
10 am
11 am
12 am
1 pm
2 pm
3 pm
4 pm
5 pm
6 pm
7 pm
8 pm
9 pm

notas

«Y esta es la confianza que tenemos en él, que si pedimos alguna cosa conforme a su voluntad, él nos oye».

1 JUAN 5:14, RVR60

NOVIEMBRE 2026

25 miércoles

PRIORIDADES

NOVIEMBRE 2026

D	L	M	M	J	V	S
1	2	3	4	5	6	7
8	9	10	11	12	13	14
15	16	17	18	19	20	21
22	23	24	25	26	27	28
29	30					

7 am
8 am
9 am
10 am
11 am
12 am
1 pm
2 pm
3 pm
4 pm
5 pm
6 pm
7 pm
8 pm
9 pm

notas

«Benditos son los que confían en el Señor y han hecho que el Señor sea su esperanza y confianza».

JEREMÍAS 17:7, NTV

2026 NOVIEMBRE

jueves **26**

NOVIEMBRE 2026

D	L	M	M	J	V	S
1	2	3	4	5	6	7
8	9	10	11	12	13	14
15	16	17	18	19	20	21
22	23	24	25	26	27	28
29	30					

PRIORIDADES

7 am
8 am
9 am
10 am
11 am
12 am
1 pm
2 pm
3 pm
4 pm
5 pm
6 pm
7 pm
8 pm
9 pm

notas

«Yo soy el Señor tu Dios, que te enseña lo que te conviene, que te guía por el camino en que debes andar».

ISAÍAS 48:17, NVI

NOVIEMBRE 2026

27 viernes

PRIORIDADES

NOVIEMBRE 2026

D	L	M	M	J	V	S
1	2	3	4	5	6	7
8	9	10	11	12	13	14
15	16	17	18	19	20	21
22	23	24	25	26	27	28
29	30					

7 am

8 am

9 am

10 am

11 am

12 am

1 pm

2 pm

3 pm

4 pm

5 pm

6 pm

7 pm

8 pm

9 pm

notas

«Arraigados y edificados en él, confirmados en la fe como se les enseñó y llenos de gratitud».

COLOSENSES 2:7, NVI

2026

NOVIEMBRE

NOVIEMBRE 2026

D	L	M	M	J	V	S
1	2	3	4	5	6	7
8	9	10	11	12	13	14
15	16	17	18	19	20	21
22	23	24	25	26	27	28
29	30					

sábado

28

PRIORIDADES

7 am
8 am
9 am
10 am
11 am
12 am
1 pm
2 pm
3 pm
4 pm
5 pm
6 pm
7 pm
8 pm
9 pm

notas

«Por la fe entendemos que el universo fue formado por la palabra de Dios, de modo que lo visible no provino de lo que se ve».

HEBREOS 11:3, NVI

NOVIEMBRE   2026

29 domingo

PRIORIDADES

NOVIEMBRE 2026

D	L	M	M	J	V	S
1	2	3	4	5	6	7
8	9	10	11	12	13	14
15	16	17	18	19	20	21
22	23	24	25	26	27	28
29	30					

7 am
8 am
9 am
10 am
11 am
12 am
1 pm
2 pm
3 pm
4 pm
5 pm
6 pm
7 pm
8 pm
9 pm

notas

«Jesús respondió: "Pero aún más bendito es todo el que escucha la palabra de Dios y la pone en práctica"».

LUCAS 11:28, NTV

2026

NOVIEMBRE

NOVIEMBRE 2026

D	L	M	M	J	V	S
	1	2	3	4	5	6	7
8	9	10	11	12	13	14
15	16	17	18	19	20	21
22	23	24	25	26	27	28
29	30

lunes

30

PRIORIDADES

....
....
....
....

7 am
8 am
9 am
10 am
11 am
12 am
1 pm
2 pm
3 pm
4 pm
5 pm
6 pm
7 pm
8 pm
9 pm

notas

«Crea en mí, oh Dios, un corazón limpio y renueva un espíritu firme dentro de mí».

SALMO 51:10, NVI

notas

Diciembre

«¡Aleluya! Cuán bienaventurado es el hombre que teme al SEÑOR, que mucho se deleita en sus mandamientos».

SALMO 112:1, LBLA

Diciembre 2026

DOMINGO	LUNES	MARTES	MIÉRCOLES
		1	2
6	7	8	9
13	14	15	16
20	21	22	23
27	28	29	30

JUEVES	VIERNES	SÁBADO
3	4	5
10	11	12
17	18	19
24	25	26
31		

notas

NOVIEMBRE 2026

D	L	M	M	J	V	S
1	2	3	4	5	6	7
8	9	10	11	12	13	14
15	16	17	18	19	20	21
22	23	24	25	26	27	28
29	30					

ENERO 2027

D	L	M	M	J	V	S
					1	2
3	4	5	6	7	8	9
10	11	12	13	14	15	16
17	18	19	20	21	22	23
24	25	26	27	28	29	30
31						

Plan mensual

PRIORIDADES DEL MES

....
....
....
....
....
....
....
....

OBJETIVOS PERSONALES | OBJETIVOS GENERALES

OBJETIVOS PERSONALES	OBJETIVOS GENERALES
....	....
....	....
....	....
....	....
....	....
....	....
....	....

Presupuesto mensual

CUENTAS	FECHA	CANTIDAD	PAGO	BALANCE

«Abrirá el Señor para ti su buen tesoro».
DEUTERONOMIO 28:12, LBLA

TOTAL

DICIEMBRE   2026

01 *martes*

PRIORIDADES

....
....
....
....

DICIEMBRE 2026

D	L	M	M	J	V	S
		1	2	3	4	5
6	7	8	9	10	11	12
13	14	15	16	17	18	19
20	21	22	23	24	25	26
27	28	29	30	31		

7 am
8 am
9 am
10 am
11 am
12 am
1 pm
2 pm
3 pm
4 pm
5 pm
6 pm
7 pm
8 pm
9 pm

notas

«Dios envió a su Hijo, nacido de una mujer, nacido bajo la Ley, para rescatar a los que estaban bajo la Ley, a fin de que fuéramos adoptados como hijos».

GÁLATAS 4:4-5, NVI

2026 **DICIEMBRE**

DICIEMBRE 2026

D	L	M	M	J	V	S
		1	2	3	4	5
6	7	8	9	10	11	12
13	14	15	16	17	18	19
20	21	22	23	24	25	26
27	28	29	30	31		

miércoles **02**

PRIORIDADES

....
....
....
....

7 am
8 am
9 am
10 am
11 am
12 am
1 pm
2 pm
3 pm
4 pm
5 pm
6 pm
7 pm
8 pm
9 pm

notas

«Que tu amor inagotable nos rodee, Señor, porque solo en ti está nuestra esperanza».

SALMO 33:22, NTV

DICIEMBRE 2026

03 *jueves*

PRIORIDADES

DICIEMBRE 2026

D	L	M	M	J	V	S
		1	2	3	4	5
6	7	8	9	10	11	12
13	14	15	16	17	18	19
20	21	22	23	24	25	26
27	28	29	30	31		

7 am
8 am
9 am
10 am
11 am
12 am
1 pm
2 pm
3 pm
4 pm
5 pm
6 pm
7 pm
8 pm
9 pm

notas

«El Señor está conmigo como un guerrero poderoso; por eso los que me persiguen caerán y no podrán prevalecer».

JEREMÍAS 20:11, NVI

2026 DICIEMBRE

viernes 04

DICIEMBRE 2026

D	L	M	M	J	V	S
		1	2	3	4	5
6	7	8	9	10	11	12
13	14	15	16	17	18	19
20	21	22	23	24	25	26
27	28	29	30	31		

PRIORIDADES

7 am
8 am
9 am
10 am
11 am
12 am
1 pm
2 pm
3 pm
4 pm
5 pm
6 pm
7 pm
8 pm
9 pm

notas

«El Señor es mi roca, mi fortaleza y mi salvador; mi Dios es mi roca, en quien encuentro protección».

SALMO 18:2, NTV

DICIEMBRE   2026

05 *sábado*

PRIORIDADES

DICIEMBRE 2026

D	L	M	M	J	V	S
		1	2	3	4	5
6	7	8	9	10	11	12
13	14	15	16	17	18	19
20	21	22	23	24	25	26
27	28	29	30	31		

7 am
8 am
9 am
10 am
11 am
12 am
1 pm
2 pm
3 pm
4 pm
5 pm
6 pm
7 pm
8 pm
9 pm

notas

«El Señor ayuda a los caídos
y levanta a los que están
agobiados por sus cargas».

SALMO 145:14, NTV

2026 DICIEMBRE

domingo **06**

DICIEMBRE 2026

D	L	M	M	J	V	S
		1	2	3	4	5
6	7	8	9	10	11	12
13	14	15	16	17	18	19
20	21	22	23	24	25	26
27	28	29	30	31		

PRIORIDADES

7 am
8 am
9 am
10 am
11 am
12 am
1 pm
2 pm
3 pm
4 pm
5 pm
6 pm
7 pm
8 pm
9 pm

notas

«No dejen que el mal los venza, más bien venzan el mal haciendo el bien».

ROMANOS 12:21, NTV

DICIEMBRE   2026

07 lunes

PRIORIDADES

DICIEMBRE 2026

D	L	M	M	J	V	S
		1	2	3	4	5
6	7	8	9	10	11	12
13	14	15	16	17	18	19
20	21	22	23	24	25	26
27	28	29	30	31		

7 am
8 am
9 am
10 am
11 am
12 am
1 pm
2 pm
3 pm
4 pm
5 pm
6 pm
7 pm
8 pm
9 pm

notas

«Tú eres mi escondite y mi escudo; en tu palabra he puesto mi esperanza».

SALMO 119:114, NVI

2026 DICIEMBRE

martes **08**

DICIEMBRE 2026

D	L	M	M	J	V	S
		1	2	3	4	5
6	7	8	9	10	11	12
13	14	15	16	17	18	19
20	21	22	23	24	25	26
27	28	29	30	31		

PRIORIDADES

7 am
8 am
9 am
10 am
11 am
12 am
1 pm
2 pm
3 pm
4 pm
5 pm
6 pm
7 pm
8 pm
9 pm

notas

«El Señor se mantiene lejos de los impíos, pero escucha las oraciones de los justos».

PROVERBIOS 15:29, NVI

DICIEMBRE 2026

09 miércoles

PRIORIDADES

DICIEMBRE 2026

D	L	M	M	J	V	S
		1	2	3	4	5
6	7	8	9	10	11	12
13	14	15	16	17	18	19
20	21	22	23	24	25	26
27	28	29	30	31		

7 am
8 am
9 am
10 am
11 am
12 am
1 pm
2 pm
3 pm
4 pm
5 pm
6 pm
7 pm
8 pm
9 pm

notas

«Así que, ¡sean fuertes y valientes, ustedes los que ponen su esperanza en el Señor!».

SALMO 31:24, NTV

2026 DICIEMBRE

DICIEMBRE 2026

D	L	M	M	J	V	S
		1	2	3	4	5
6	7	8	9	10	11	12
13	14	15	16	17	18	19
20	21	22	23	24	25	26
27	28	29	30	31		

jueves **10**

PRIORIDADES

7 am
8 am
9 am
10 am
11 am
12 am
1 pm
2 pm
3 pm
4 pm
5 pm
6 pm
7 pm
8 pm
9 pm

notas

«Dios, quien comenzó la buena obra en ustedes, la continuará hasta que quede completamente terminada el día que Cristo Jesús vuelva».

FILIPENSES 1:6, NTV

DICIEMBRE   2026

11 viernes

PRIORIDADES

DICIEMBRE 2026

D	L	M	M	J	V	S
		1	2	3	4	5
6	7	8	9	10	11	12
13	14	15	16	17	18	19
20	21	22	23	24	25	26
27	28	29	30	31		

7 am

8 am

9 am

10 am

11 am

12 am

1 pm

2 pm

3 pm

4 pm

5 pm

6 pm

7 pm

8 pm

9 pm

notas

«Le dijo Jesús: Yo soy la resurrección y la vida; el que cree en mí, aunque esté muerto, vivirá».

JUAN 11:25, RVR60

2026　　　　　　　　　　　　　　　　　　　　**DICIEMBRE**

DICIEMBRE 2026

D	L	M	M	J	V	S
		1	2	3	4	5
6	7	8	9	10	11	12
13	14	15	16	17	18	19
20	21	22	23	24	25	26
27	28	29	30	31		

sábado **12**

PRIORIDADES

....

....

....

7 am
8 am
9 am
10 am
11 am
12 am
1 pm
2 pm
3 pm
4 pm
5 pm
6 pm
7 pm
8 pm
9 pm

notas

«Si tu don es servir a otros, sírvelos bien. Si eres maestro, enseña bien».

ROMANOS 12:7, NTV

DICIEMBRE 2026

13 domingo

PRIORIDADES

DICIEMBRE 2026

D	L	M	M	J	V	S
		1	2	3	4	5
6	7	8	9	10	11	12
13	14	15	16	17	18	19
20	21	22	23	24	25	26
27	28	29	30	31		

7 am
8 am
9 am
10 am
11 am
12 am
1 pm
2 pm
3 pm
4 pm
5 pm
6 pm
7 pm
8 pm
9 pm

notas

«Con paciencia esperé que el Señor me ayudara, y él se fijó en mí y oyó mi clamor».

SALMO 40:1, NTV

2026

DICIEMBRE

DICIEMBRE 2026

D	L	M	M	J	V	S
		1	2	3	4	5
6	7	8	9	10	11	12
13	14	15	16	17	18	19
20	21	22	23	24	25	26
27	28	29	30	31		

lunes **14**

PRIORIDADES

7 am
8 am
9 am
10 am
11 am
12 am
1 pm
2 pm
3 pm
4 pm
5 pm
6 pm
7 pm
8 pm
9 pm

notas

«Espero al Señor, lo espero con toda el alma; en su palabra he puesto mi esperanza».

SALMO 130:5, NVI

DICIEMBRE   2026

15 martes

PRIORIDADES

DICIEMBRE 2026

D	L	M	M	J	V	S
		1	2	3	4	5
6	7	8	9	10	11	12
13	14	15	16	17	18	19
20	21	22	23	24	25	26
27	28	29	30	31		

7 am
8 am
9 am
10 am
11 am
12 am
1 pm
2 pm
3 pm
4 pm
5 pm
6 pm
7 pm
8 pm
9 pm

notas

«Recita siempre el libro de la Ley y medita en él de día y de noche; cumple con cuidado todo lo que en él está escrito. Así prosperarás y tendrás éxito».

JOSUÉ 1:8, NVI

2026   **DICIEMBRE**

miércoles

16

DICIEMBRE 2026

D	L	M	M	J	V	S
		1	2	3	4	5
6	7	8	9	10	11	12
13	14	15	16	17	18	19
20	21	22	23	24	25	26
27	28	29	30	31		

PRIORIDADES

7 am

8 am

9 am

10 am

11 am

12 am

1 pm

2 pm

3 pm

4 pm

5 pm

6 pm

7 pm

8 pm

9 pm

notas

«Dichoso quien pone su confianza en el Señor y no recurre a los soberbios ni a los que se pierden tras la mentira».

SALMO 40:4, NVI

DICIEMBRE 2026

17 jueves

PRIORIDADES

....
....
....
....

DICIEMBRE 2026

D	L	M	M	J	V	S
		1	2	3	4	5
6	7	8	9	10	11	12
13	14	15	16	17	18	19
20	21	22	23	24	25	26
27	28	29	30	31		

7 am
8 am
9 am
10 am
11 am
12 am
1 pm
2 pm
3 pm
4 pm
5 pm
6 pm
7 pm
8 pm
9 pm

notas

«Jehová ama la rectitud, y no desampara a sus santos. Para siempre serán guardados; mas la descendencia de los impíos será destruida».

SALMO 37:28, RVR60

2026 DICIEMBRE

DICIEMBRE 2026

D	L	M	M	J	V	S
		1	2	3	4	5
6	7	8	9	10	11	12
13	14	15	16	17	**18**	19
20	21	22	23	24	25	26
27	28	29	30	31		

viernes **18**

PRIORIDADES

....
....
....
....

7 am
8 am
9 am
10 am
11 am
12 am
1 pm
2 pm
3 pm
4 pm
5 pm
6 pm
7 pm
8 pm
9 pm

notas

«He aquí que yo les traeré sanidad y medicina; y los curaré, y les revelaré abundancia de paz y de verdad».

JEREMÍAS 33:6, RVR60

DICIEMBRE   2026

19 — *sábado*

PRIORIDADES

DICIEMBRE 2026

D	L	M	M	J	V	S
		1	2	3	4	5
6	7	8	9	10	11	12
13	14	15	16	17	18	**19**
20	21	22	23	24	25	26
27	28	29	30	31		

7 am
8 am
9 am
10 am
11 am
12 am
1 pm
2 pm
3 pm
4 pm
5 pm
6 pm
7 pm
8 pm
9 pm

notas

«Pues no me avergüenzo de la Buena Noticia acerca de Cristo, porque es poder de Dios en acción para salvar a todos los que creen».

ROMANOS 1:16, NTV

2026 — **DICIEMBRE**

domingo **20**

DICIEMBRE 2026

D	L	M	M	J	V	S
		1	2	3	4	5
6	7	8	9	10	11	12
13	14	15	16	17	18	19
20	21	22	23	24	25	26
27	28	29	30	31		

PRIORIDADES

7 am
8 am
9 am
10 am
11 am
12 am
1 pm
2 pm
3 pm
4 pm
5 pm
6 pm
7 pm
8 pm
9 pm

notas

«Aunque el buen consejo esté en lo profundo del corazón, la persona con entendimiento lo extraerá».

PROVERBIOS 20:5, NTV

DICIEMBRE 2026

21 lunes

PRIORIDADES

DICIEMBRE 2026

D	L	M	M	J	V	S
		1	2	3	4	5
6	7	8	9	10	11	12
13	14	15	16	17	18	19
20	21	22	23	24	25	26
27	28	29	30	31		

7 am
8 am
9 am
10 am
11 am
12 am
1 pm
2 pm
3 pm
4 pm
5 pm
6 pm
7 pm
8 pm
9 pm

notas

«Así que no temas, porque yo estoy contigo; no te angusties, porque yo soy tu Dios. Te fortaleceré y te ayudaré; te sostendré con la diestra de mi justicia».

ISAÍAS 41:10, NVI

2026 DICIEMBRE

DICIEMBRE 2026

D	L	M	M	J	V	S
		1	2	3	4	5
6	7	8	9	10	11	12
13	14	15	16	17	18	19
20	21	22	23	24	25	26
27	28	29	30	31		

martes **22**

PRIORIDADES

7 am
8 am
9 am
10 am
11 am
12 am
1 pm
2 pm
3 pm
4 pm
5 pm
6 pm
7 pm
8 pm
9 pm

notas

«Toda palabra de Dios es limpia;
él es escudo a los que en él esperan».

PROVERBIOS 30:5, RVR60

DICIEMBRE   2026

23 *miércoles*

PRIORIDADES

DICIEMBRE 2026

D	L	M	M	J	V	S
		1	2	3	4	5
6	7	8	9	10	11	12
13	14	15	16	17	18	19
20	21	22	23	24	25	26
27	28	29	30	31		

7 am
8 am
9 am
10 am
11 am
12 am
1 pm
2 pm
3 pm
4 pm
5 pm
6 pm
7 pm
8 pm
9 pm

notas

> «Señor, hazme conocer tus caminos;
> y enséñame tus sendas. Encamíname
> en tu verdad. Y enséñame, porque
> tú eres mi Dios y mi salvación».
>
> **SALMO 25:4-5**, NVI

2026 **DICIEMBRE**

jueves **24**

DICIEMBRE 2026

D	L	M	M	J	V	S
		1	2	3	4	5
6	7	8	9	10	11	12
13	14	15	16	17	18	19
20	21	22	23	24	25	26
27	28	29	30	31		

PRIORIDADES

7 am
8 am
9 am
10 am
11 am
12 am
1 pm
2 pm
3 pm
4 pm
5 pm
6 pm
7 pm
8 pm
9 pm

notas

«Escucha el consejo, y recibe la corrección, para que seas sabio en tu vejez».

PROVERBIOS 19:20, RVR60

DICIEMBRE   2026

25 *viernes*

PRIORIDADES

DICIEMBRE 2026

D	L	M	M	J	V	S
		1	2	3	4	5
6	7	8	9	10	11	12
13	14	15	16	17	18	19
20	**21**	**22**	**23**	**24**	**25**	**26**
27	28	29	30	31		

7 am
8 am
9 am
10 am
11 am
12 am
1 pm
2 pm
3 pm
4 pm
5 pm
6 pm
7 pm
8 pm
9 pm

notas

«Hoy ha nacido en la Ciudad de David un Salvador, que es Cristo el Señor».

LUCAS 2:11, NVI

2026   **DICIEMBRE**

sábado **26**

DICIEMBRE 2026

D	L	M	M	J	V	S
		1	2	3	4	5
6	7	8	9	10	11	12
13	14	15	16	17	18	19
20	21	22	23	24	25	26
27	28	29	30	31		

PRIORIDADES

- 7 am
- 8 am
- 9 am
- 10 am
- 11 am
- 12 am
- 1 pm
- 2 pm
- 3 pm
- 4 pm
- 5 pm
- 6 pm
- 7 pm
- 8 pm
- 9 pm

notas

«Mas el que persevere hasta el fin, este será salvo».

MATEO 24:13, RVR60

DICIEMBRE 2026

27 domingo

PRIORIDADES

DICIEMBRE 2026

D	L	M	M	J	V	S
		1	2	3	4	5
6	7	8	9	10	11	12
13	14	15	16	17	18	19
20	21	22	23	24	25	26
27	28	29	30	31		

7 am
8 am
9 am
10 am
11 am
12 am
1 pm
2 pm
3 pm
4 pm
5 pm
6 pm
7 pm
8 pm
9 pm

notas

«Él se entregó por nosotros para rescatarnos de toda maldad y purificar para sí un pueblo elegido, dedicado a hacer el bien».

TITO 2:14, NVI

2026   **DICIEMBRE**

lunes **28**

DICIEMBRE 2026

D	L	M	M	J	V	S
		1	2	3	4	5
6	7	8	9	10	11	12
13	14	15	16	17	18	19
20	21	22	23	24	25	26
27	28	29	30	31		

PRIORIDADES

7 am
8 am
9 am
10 am
11 am
12 am
1 pm
2 pm
3 pm
4 pm
5 pm
6 pm
7 pm
8 pm
9 pm

notas

«El corazón alegre hermosea el rostro; mas por el dolor del corazón el espíritu se abate».

PROVERBIOS 15:13, RVR60

DICIEMBRE 2026

29 martes

PRIORIDADES

DICIEMBRE 2026

D	L	M	M	J	V	S
		1	2	3	4	5
6	7	8	9	10	11	12
13	14	15	16	17	18	19
20	21	22	23	24	25	26
27	28	29	30	31		

7 am
8 am
9 am
10 am
11 am
12 am
1 pm
2 pm
3 pm
4 pm
5 pm
6 pm
7 pm
8 pm
9 pm

notas

«Entonces claman a Jehová en su angustia, y los libra de sus aflicciones».

SALMO 107:28, RVR60

2026 **DICIEMBRE**

miércoles
30

DICIEMBRE 2026

D	L	M	M	J	V	S
		1	2	3	4	5
6	7	8	9	10	11	12
13	14	15	16	17	18	19
20	21	22	23	24	25	26
27	28	29	30	31		

PRIORIDADES

7 am
8 am
9 am
10 am
11 am
12 am
1 pm
2 pm
3 pm
4 pm
5 pm
6 pm
7 pm
8 pm
9 pm

notas

«Así dice el Señor de los Ejércitos, el Dios de Israel: "Corrijan su conducta y sus acciones y yo los dejaré vivir en este lugar"».

JEREMÍAS 7:3, NVI

DICIEMBRE   2026

31 *jueves*

PRIORIDADES

....
....
....
....

DICIEMBRE 2026

D	L	M	M	J	V	S
		1	2	3	4	5
6	7	8	9	10	11	12
13	14	15	16	17	18	19
20	21	22	23	24	25	26
27	28	29	30	31		

7 am ....
8 am ....
9 am ....
10 am ....
11 am ....
12 am ....
1 pm ....
2 pm ....
3 pm ....
4 pm ....
5 pm ....
6 pm ....
7 pm ....
8 pm ....
9 pm ....

notas

«Cuentas con una esperanza futura, la cual no será destruida».

PROVERBIOS 23:18, NVI

notas

notas

notas

notas

Motivos para
agradecer

«Te daré gracias, Señor mi Dios, con todo mi corazón, y glorificaré tu nombre para siempre».

SALMO 86:12, LBLA